21세기, 한자는 필수다
아직도 '한글전용'을 고집해야 하는가?

― 현 한국 사회에서의 한자 사용 강화 필요성에 대한 연구 ―

김 병 기 지음

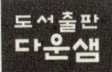

책 머리에

  나는 언어학을 공부한 사람도 아니고 국어학을 공부한 사람도 아니며 국어 정책론을 전공한 사람은 더욱 아니다. 나는 중국 고전 문학을 공부한 사람으로서 평소의 연구활동에서는 물론 일상의 생활 속에서 보통 사람들보다 비교적 한자를 많이 사용하는 사람 일 뿐이다. 따라서 내가 우리나라의 국어 정책 중의 한자 사용에 대한 문제와 관련하여 저서를 낸다는 사실을 두고서 혹자는 나를 향해 학문적 외도를 하고 있다고 비평할는지 모른다.
  학문적 외도에 관해서 라면 나도 평소에 가능한 한 안 하는 것이 좋다는 생각을 가지고 있다. 왜냐하면 한 길을 가기도 힘이 모자라는데 곁길을 넘본다는 것은 개인적인 측면에서 시간 낭비가 될 수 있고, 사회적 측면에서 비전문적인 지식으로 자칫 세상을 오도할 수 있기 때문이다. 그러나 나는 내가 이 책을 내는 것을 결코 학문적 외도라고 생각하지 않는다. 거기에는 그럴만한 이유가 있다.

첫째, 한글 전용론과 국한문 혼용론 사이의 논쟁은 단지 언어학이나 국어학을 전공한 사람들 사이의 논쟁이 아니라 이미 국민적인 논쟁이 되어 있으므로 이 땅에서 인문학을 공부하고 있는 사람이라면 누구라도 이 방면에 대해 전문가 이상의 의견을 나름대로 제시할 수 있다고 생각하기 때문이다.

둘째, 국어학이나 언어학보다는 오히려 한자학이나 한문학, 중문학이라는 전공이 우리나라의 한자 정책을 논하는 데에 더 절실한 의견을 제시할 수 있는 학문 분야라고 생각하기 때문이다.

셋째, 우리나라의 국어 정책을 수립하는 데에 있어서 한자의 의미와 가치와 효용에 대해서 체감하고 있는 사람의 실증적 의견이 보다 더 절실하게 정책 결정의 방향을 제시할 수 있다고 생각하기 때문이다.

나는 위의 세 조건을 비교적 충분하게 충족시킬 수 있는 사람이라고 자부한다. 평소 우리나라의 한자 정책에 대해서 누구보다도 깊은 관심을 가지고 있었고, 현재 대학에서 중문학을 연구하고 가르치고 있으며, 유년 시절부터 한자를 공부한 까닭에 한자의 의미와 가치와 효용에 대해서 나름대로 체감하고 있기 때문이다.

나는 일곱 살 때부터 한자를 배우고 한문을 읽었다. 초등학교 취학 전에 천자문을 떼었고 사자소학을 읽었으며 초등학교 시절에도 《동몽선습(童蒙先習)》, 《명심보감(明心寶鑑)》 등을 배웠다. 그러나, 중학교 이후 입시 교육에 시달리면서부터 더 이상 한문을 배울 시간적 여유가 없었다. 그렇지만 이미 유년 시절과 초등학교 때에 배운 한문으로 말미암아 나의 한문 실력은 당시 한글 전용 교육을 받은 내 친구들에 비해 훨씬 나은 편이었다. 그리고 나는 나의 이러한 한문 실력으로 인하여 학창시절에 무척 쉽고 재미있게 공부를 할 수 있었다. 국어과목이나 국사·세계사와 같은 역사과목, 사회과목 등은 누구보다도 이해를 빨리할 수 있었고 이해한 내용을 쉽게 기억할 수 있었다. 그리고 지금도 초·중·고등학교 시절에 배운 것들을 나의 동창들에 비해 훨씬 많이 기억하고 있다는 것을 가끔 만나는 동창들을 통하여 확인하곤 한다. 이는 내가 특별히 머리가 좋아서도 아니고 열심히 공부했기 때문도 아니다. 나는 어린 시절 가난 때문에 집안 일을 돕느라 공부하고 싶어도 공부할 시간이 없었고 잘 먹지 못한 탓에 영양상태가 좋지 못하여 무리해 가며 열심히 공부를 할 수 있는 처지에 있지도 않았다. 그럼에도 불구하고 공부가 뒤지지 않았고 또 지금도 학창 시절에 배웠던 것들을 나의 친구들에 비해 많이 기억하고 있는 까닭은 순전히 어려서 배운 한문 때문이라고 확신한다.

나는 한문을 통해서 일찍부터 '공부의 이치'를 깨달았던 것 같다. 선생님의 설명을 듣고 있노라면 선생님의 다음 설명이 예견될 만큼 이해가 빨랐고 그렇게 재미있게 이해된 학습 내용들은 굳이 애써 외우려하지 않아도 어느새 나의 머리 깊숙한 곳에 또렷하게 자리해 있었다. 나는 시험을 보기 위해서 공부한다는 생각을 거의 하지 않았다. 공부는 나의 정신을 살찌게 하기 위해서 하는 것이라고 생각했으며 공부를 하다보면 나의 정신이 살쪄가고 있는 모습이 내 눈에도 보이는 것 같았다. 그래서 공부가 재미있었다.

공부에 대해서 그렇게 일찍부터 재미를 느끼고 철든 생각을 할 수 있었던 것은 다 어려서부터 배운 한문 때문이었다. 한자와 한문은 나에게 모든 것을 근원적으로 이해하고 그러한 이해를 통하여 진정한 재미를 느끼게 하는 진지한 공부의 태도를 갖게 해 주었다.

시험을 보기 위해서, 대학을 가기 위한 하나의 통과 의례로 억지로 공부를 하고 있는 요즈음의 학생들을 보면 참으로 안타깝다. 우리말인 국어도 한자를 모르는 탓에 그 깊은 뜻을 알지 못한 채 외국어 외우듯이 외우고 있고, 사회과목이나 과학과목도 말의 뜻을 제대로 모르는 채 책이 새까맣게 변하도록 밑줄을 그어가며 그저 사력을 다해 외우고 있는 아이들. 그리고 그 많은 문제집을 사들여 소위 '시험 감각'을 익히는 훈련을 계속하고 있는 우리의 아이들! 이렇게 지겨운 훈련을 한 아이들은 그 훈련의 대가로 어느 대학에 합격을 하고 나면 그처럼 많이 외운 것들을 더 이상 조바심 내며 머리 속에 넣고 있어야 할 이유가 없게 된다. 그저 홀가분하게 털어 내고 싶을 뿐이다. 그래서 아이들은 대학에 들어오기만 하면 고등학교 3년 동안 피나게 공부한 것들을 한꺼번에 다 놓아 버린다. 그리고 다시 빈 머리로 돌아간다. 우리 학생들에게 있어서의 공부란 대개 이런 의미로 인식되어져 있다. 그래서 영어 공부도 목표한 점수의 토익이나 토플을 통과하기 위해서 하고 요즈음 더러 하고있는 한자 공부도 '한자급수시험'에서 목표한 급수를 따기 위해서 하기 때문에 출제 형식에 맞추는 맞춤식으로 한다. 이런 공부를 통해서는 활용력이나 응용력이 신장될리 만무하다. 그러므로 영어도 한자공부도 취업이나 진급을 위해 목표한 점수와 급수만 따고 나면 긴장이 풀리면서 맞춤식으로 외운 것들을 더 이상 파지하고 있을 여력이 없다. 여력이 없는 탓에 애써 파지하고 있던 힘을 풀어버리면 공부했던 것들은 어느새 망각의 숲 속으로 달아나 버리고 만다. 그래서 우리 사회에는 토플이나 토익을 만점을 맞고서도 영어를 못하는 사람이 수두룩하다는 말들이 나오고 자격증은 있어도 실력은 없다는 비평의 말들이 나오고 있다. 지금 우리 사회에 진정으로 나를 위해서 재미를 느끼며 하는 공부가 자리하고 있는 곳은 거의 없다.

공부가 평생의 일과가 되고 목적이 되어야 할텐데 공부는 이미 수단으로 전락한지 오래다. 한자를 통하여 근원적 진지함을 터득하고 느끼게 하는 공부를 시킨 것이 아니라, 실용이라는 미명아래 한글만을 이용하여 깊은 이해 없이 '따라잡기'나 '앞서가기' 훈련만 시켰기 때문에 나타난 우리 사회의 치명적인 병폐이다. 이 병폐를 바로 잡지 않고서는 우리나라의 장기적 발전은 기대하기 힘들 것이다.

　언어는 사고를 결정하고 사고는 행동을 결정한다. 그런데 우리는 그동안 한글 전용이라는 어문정책아래 한 어휘에 대한 어원은 물론 복합의(複合意)나 함축의(含蓄意) 등은 알 필요 없이 액면가대로 화폐를 쓰듯 '그때 그때 필요한 한가지 뜻만 알면 그만'이라는 식으로 우리의 국어를 운용해 왔다. 이러한 국어 운용은 우리들로 하여금 진지한 자세로 근원적인 사고를 하는 역량을 갖지 못하게 하였는데 이처럼 근원을 살피고자 하는 깊은 사고를 하지 못하다 보니 우리는 단선적이고 표면적인 사고에 기초하여 일회적이고 임시방편적이며 꿰어 맞추기 식이고 때우기 식인 행동을 할 수밖에 없었다. 이것이 해방 이후 반세기동안 한글만 전용한 우리의 말과 글에 의해 결정된 우리의 사고와 행동의 양식이다. 그 결과, 우리는 정치는 '정치적이다'는 말과 '사기성이 짙은 권모술수다'는 말 사이에 등식이 성립할 정도로 조령모개(朝令暮改)식 변덕과 떠넘기고 꿰어 맞추는 식의 수단이 난무하는 악순환을 거듭하였고, 기업도 근원적으로 미래를 보면서 기초를 다지기보다는 허세에 가까운 몸집만 늘이기에 바빴으며, 사회도 10.000$ 소득시대라는 허상에 도취되어 모피 코트를 걸치고 해외여행을 일삼는 사람들로 북적이게 되었고, 문화·예술도 깊이 있는 기반을 형성하지 못한 채 일회성 '주목끌기'로 대중을 천박한 오락문화에 빠지도록 오도해 갔으며, 교육 또한 근본에 힘써 확고한 국가이념과 교육목표아래 '백년지대계(百年之大計)'를 수립하여 부족한 면을 가르치고 교화하기보다는 오히려 학생의 응석과 학부모의 안이한 요구에 끌려 다니며 임시방편적 정책에 매달리는 꼴이 되고 말았다. 이처럼 한글 전용이 낳은 진지하지 못한 사고와 실용을 빙자한 임시방편적 행동의 결과로 우리는 1997년에는 끝내 I.M.F 구제금융이라는 국가적이며 민족적인 수치를 당하게 된 것이다.

언어와 문자가 갖는 힘은 이처럼 강하다. 그러니 이 땅에서 학문에 종사한다고 하는 사람으로서 어찌 우리의 어문정책에 관심을 갖지 않을 수 있겠는가! 이에, 나는 오래 전부터 우리의 어문정책 중 한자 문제에 관해서 많은 관심을 가지고 있었다. 우리나라에서 한자를 도외시 한 채 이루어지는 인문학 연구라는 것이 얼마나 공허한 것인지를 때로는 직접 경험하고 때로는 간접으로 느끼면서 그 때마다 나는 우리나라에서 한자의 교육과 사용은 강화되어야 하며 한글은 한자와 함께 쓸 때 더 빛나게 된다는 것을 확신하게 된 것이다. 그리고 한글전용을 강요해온 우리나라의 국어정책은 근본적으로 수정되어야 한다는 생각을 갖게 되었다. 그러던 중 나는 1999년에 성곡학술재단으로부터 소정의 연구비를 받아 이 연구 즉 <현 한국사회에서의 한자 사용 강화 필요성에 대한 연구>에 착수할 수 있게 되었다. 이후 2년여의 연구 끝에 원고를 완성하여 그 일부를 2001년도 ≪성곡논총≫에 발표하였으며 그 후 다시 많은 부분을 추가 집필하여 이번에 단행본으로 출간하게 되었다. 나의 이 책이 우리나라의 어문정책을 수립하는 데에 조금이나마 도움이 되기를 간절히 바라는 바이다.

끝으로, 이 연구에 착수할 수 있는 계기를 마련해 주었고 또 끝까지

연구가 진행될 수 있도록 연구비를 지원해 주신 성곡학술진흥재단에 깊은 감사를 드리며, 흔쾌히 이 책을 출간해 주신 도서출판 다운샘의 김영환 사장님께 감사 드리고, 또 필자가 공주대학교 중어중문과에 재직하던 시절 당시 4학년 학생으로서 자료 수집에 협조해 준 유영아, 우자영, 이현희, 김민정 등 여러 동학들에게도 고마운 마음을 전하는 바이다.

2002년 9월 일
전북대학교내 연구실 持敬攬古齋에서
金炳基 識

차 례

책 머리에 / 3

제1부 국한문 혼용론과 한글 전용론

1. 지금 당신은 한자에 대해 어떠한 생각을 가지고 계십니까? · 15

2. 한글전용정책, 어떻게 시작되었는지 아십니까? · 22

   1) 미 군정(美 軍政) 시기 / 22
   2) 제1 공화국 / 26
   3) 제2, 제3 공화국 / 27
   4) 제4 공화국 이후 / 29

3. 한글전용, 원초적으로 잘못된 주장입니다 · 32

   1) 한글을 전용하면 교육적 효과를 높일 수 있다고요? 한글전용이 오히려 교육을 망치고 있습니다 / 35
   2) 한자를 어려운 글자라고 세뇌하려 들지 마세요 / 43
   3) "한글을 전용해야 우수한 우리 문학이 창작된다"고 하는데 그게 어디 될 말입니까? / 72
   4) 한글만 기계화가 유리한 게 아닙니다 / 76
   5) "한글은 가장 발달된 단계의 소리글자이기 때문에 한글을 전용해야한다"고 하는데 그렇다면, 텔레비전이 나온 후에는 라디오는 다 부숴 없애야 하는 겁니까? / 78

6) 세계적으로 알려진 한글의 우수성은 인정하지만 그렇다고 해서 편리
   하게 쓰고 있는 한자를 일부러 폐기할 필요는 없지 않습니까? / 82
   7) "한글만 써야 민족문화의 보존과 발전에 유리하다"고요? 그런 말도 안
   되는 주장은 이제 하지 맙시다 / 95
   8) "한글을 전용해야 민족 주체성을 공고히 할 수 있다"고요? 하나만 알
   고 둘은 모르는 주장입니다 / 101
   9) "시대적 상황이 한글 전용을 요구하고 있다"는 주장은 정말 옛날 얘기
   입니다 / 108

  4. 작은 결론 - 이제는 본원적 진지함을 추구해야 할 때입니다 · 110

제2부 한글전용정책을 폐기해야할 이유가 또 있습니다

 1. 한자에는 한글에서 볼 수 없는 많은 장점이 있습니다
   1) 한자는 동음이의어를 식별하는 데에 반드시 필요합니다 / 115
   2) 새로운 단어를 만드는 데에는 한자가 최고입니다 / 120
   3) 말을 줄여 쓰는 데에도 한자가 꼭 필요합니다 / 122
   4) 의미를 보존하는 힘에 있어서는 한글이 한자를 따를 수 없습니다 / 124
   5) 표음문자와 표의문자를 섞어 쓰면 이렇게 이롭습니다 / 127

 2. 우리의 현실적 문자생활을 돌아보세요. 한자를 안 쓸 수 있겠나
   1) 우리말 어휘의 실정- 국어 속의 한자어 비중은 이렇습니다 / 130
   2) 교과서 어휘의 실정은 더 심각합니다. 한글전용으로는 정상적인 교육을
   할 수가 없습니다 / 135

3. 학문을 위해서 한자는 필수 불가결의 존재입니다

1) 한자를 모르고서 기존의 업적에 대한 이해와 평가를 할 수 있겠습니까? / 140
2) 한자를 버리고선 명확한 개념정의와 함축적 정리가 불가능합니다 / 145

4. '한국적 예술'을 위해서도 한자는 필요합니다

1) 한자문화권 예술의 정수(精髓)인 서예, 버리기에는 너무 아까운 예술입니다 / 150
2) 한국서예의 세계화, 또 하나의 위대한 문화 수출입니다 / 156

5. 시대적 상황과 국제환경의 변화가 한자를 필요로 하고 있습니다

1) 중국, 한자문화권 문화가 세계무대의 주도자로 나서고 있습니다 / 162
2) 한자는 이미 한자문화권 국가의 공용 문자입니다 / 169
3) 서양은 이미 한자문화권 문화에 대해 깊은 관심을 가지고 있습니다 / 174
4) 국제 통합한자코드가 제정되었습니다 / 177

6. 결 론 – 한글은 한자와 함께 쓸 때 더 빛납니다 · 179

- 參考文獻 / 193
- 中文提要 / 197
- 부록 – 설 문 지 분 석 / 201
    - 설문지 1 – 중·고등학생 및 교사용 / 203
    - 설문지 2 – 대학생용 / 207
- 찾아보기 / 212

* 이 연구는 1999년도 성곡학술재단의 연구비 지원을 받아 이루어 졌음

제1부
국한문 혼용론과 한글 전용론
'근원적 진지함'과 '실용적 편리함'의 싸움

1. 지금 당신은 한자에 대해 어떠한 생각을 가지고 계십니까?

　2000년 10월, 나는 내가 재직하고 있는 대학에서 교양과목을 수강하고 있는 다양한 전공의 학생들을 대상으로 한자문제와 관련된 몇 가지 질문을 해 보았다. 그 첫 번 째 질문은 "대학에서의 공부와 한자 능력과의 관계에 대한 귀하의 견해는 어떠합니까?"라는 것이었다. 그리고 그 답을 ①한자를 모르더라도 공부하는데 별 지장이 없다. ②한자를 많이 알면 훨씬 학습 효과를 높일 수 있다 라는 두 항목에서 고르게 하였다. 그 결과 261명의 응답자 중 19명(7.3%)만이 ①번을 택하였고 242명(92.7%)은 ②번을 택하였다. 나는 학생들의 이러한 답을 보고서 놀라지 않을 수 없었다. 학생들은 한자 학습의 필요성을 너무나도 절실히 느끼고 있었기 때문이다. 당시에 학생들에게 제시했던 질문과 그 질문에 대해 학생들의 답한 결과를 몇 가지 더 소개하면 다음과 같다.

> "질 높은 교육을 하기 위해서는 한자 교육을 강화해야 한다"는 주장에 대한 귀하의 견해는 어떻습니까?

① 현실적으로 필요를 느낀다고 하더라도 우리의 글인 한글을 빛내기 위해 장기적인 안목으로 보아 한글 전용정책은 지속되어야 한다.
② 현실적으로 필요하다면 일정 수준 한자 교육이 강화되어야 한다. 한자와 아울러 사용할 때 한글도 더욱 빛날 수 있을 것이다.

〈표 1〉

문 항	①	②	계
응답자수	77	171	248
비율(%)	31	69	100

인터넷시대와 관련하여 귀하는 한자의 사용과 교육의 문제를 어떻게 보십니까?

① 인터넷 세상에서는 영어 외에 다른 언어가 별 의미를 가지지 못한다. 그리고, 21세기는 어차피 모든 것이 인터넷에서 이루어지는 인터넷 세상이 될 것이다. 따라서, 한자의 사용과 학습에 시간을 투자하는 것은 별로 바람직한 일이 못된다.
② 아무리 인터넷 세상이 된다고 하더라도 과거의 역사와 문화유산은 갈수록 더 소중하게 다루어 질 것이다. 따라서, 한자문화권 국가에 속하는 우리는 끝내 한자를 포기할 수는 없을 것이다.

〈표 2〉

문 항	①	②	계
응답자수	63	193	256
비율(%)	24.6	75.4	100

이상의 설문 조사를 통해서 볼 때 대다수의 학생들이 수준 높은 교육을 위해서는 한자 교육이 먼저 이루어져야 한다는 데에 공감하고 있었으며 설령 21세기가 영어 중심으로 돌아가는 인터넷 세상이 된다고 하더라도 여전히 한자의 중요성은 인정해야 한다는 견해를 보이고 있었다. 이처럼 한자의 중요성을 각별히 느끼고 있는 학생들에게 결론적으로 다음과 같이 물었다. "'한자의 사용과 교육을 지금보다 강화해야 한다'는 주장에 대한 귀하의 결론적 견해는 어떻습니까?" 이에 대한 학생들의 대답은 다음과 같았다.[1)]

〈표 3〉

문 항	강화할 필요가 있다.	강화할 필요가 없다.	계
응답자수	181	72	253
비율(%)	71.5	28.5	100

지금 한국의 대학생들은 한자 학습의 필요성을 절실히 느끼고 있다. 한자를 모른다는 것은 곧 우리의 글과 말을 제대로 모른다는 것을 의미하기 때문에 기본적으로 한자에 대한 이해가 선행되지 않고서는 수준 높은 교육이 이루어질 수 없다는 점을 자각하고서 한자에 대한 학습을 갈망하며 한자 교육이 강화되어야 한다는 생각을 절실하게 가지고 있는 것이다. 대학생뿐이 아니다. 중·고등학생들도 마찬가지이며 특히 중·고등학교의 교사들과 초·중·고등학교 학생을 둔 학부모들은 이미 한자교육이 학생들의 학습에 얼마나 큰 영향을 끼치고 있는지에 대해서 너무나도 잘 알고 있다. 이러한 까닭에 지금 전국 어디

---

1) 이 외에도 몇 가지 더 질문을 하였다. 이 질문들에 대한 결과 분석은 권말에 부록으로 첨부된 '설문조사 분석'을 참고하기 바람.

에서나 사설 한자 교육 기관을 쉽게 볼 수 있으며 전문 서당이 의외로 성업 중에 있다. 전 국민이 한자 학습의 필요성을 절실히 느끼고 있는 것이다.

왜 이런 현상이 일어나고 있는 것일까? 우리는 해방 이후 지난 50여 년 동안 이미 강력한 국가 정책으로 한글 전용정책을 써 왔는데 왜 한자가 사라지지 않고 오히려 더 강렬하게 부활되고 있느냐 말이다. 그것은 한글 전용정책이라는 것이 처음부터 잘못된 정책이었음을 의미한다. 잘못된 정책을 50년 동안 강압적으로 시행하다보니 결국은 그 폐해가 쌓이고 쌓여 이제는 국민들의 일상생활을 통해 자연발생적으로 그 폐해가 노출되고 있는 것이다. 이제라도 서둘러서 우리나라의 어문정책인 한글 전용정책에 대해서 심각하게 재고해 보아야 한다. 정부와 학자, 아니 국민 모두가 시대적 사명감을 가지고 한글 전용정책에 대해서 심각하게 논의를 해보아야할 때가 된 것이다.

우리나라는 훈민정음이 창제되기 이전에 천여 년 동안 한자를 써왔고, 훈민정음이 창제된 이후에도 조선시대 말까지 우리의 문자 생활은 한글보다는 한자를 더 많이 더 익숙하게 사용해 온 것이 사실이다. 그러나, 문호를 개방하여 서양의 문물을 받아들임으로써 소위 '근대화'의 길을 가기 시작하면서부터 한글의 사용이 차츰 늘면서 한글이 우리 글로서 자리를 잡아가기 시작하였다. 바로 이러할 즈음에 우리는 불행하게도 일제(日帝)에게 나라를 강점 당하여 더 이상 자주적으로 근대화의 길을 가지 못하고 일제의 통치아래 근대화의 길을 가게 되었다. 이러한 과정에서 우리는 실지 생활 속의 우리 글로 자리잡기 시작한 한글을 갈고 닦아 빛낼 수 있는 기회를 갖기는커녕 한 때는 아예 사용조차 할 수 없게 되는 매우 불행한 상황을 맞기도 하였다. 한글이 다시 한번 큰 수난을 당하게 된 것이다.

　1945년, 해방을 맞은 후에야 우리는 우리의 생각이 반영된 어문정책을 펴면서 한글을 명실상부한 우리의 글로 사용하게 되었다. 이렇게 본다면, 한글이 실지 생활에서 전면적으로 사용된 것은 해방 이후로부터 지금까지 약 50여 년밖에 되지 않는다고 할 수 있다. 이 50여 년 외에, 우리 민족이 문자생활을 시작한 이후 2,000년 이상 실질적으로 사용해 온 문자는 바로 한자(漢字)인 것이다. 이처럼 한자는 우리 민족의 역사와 생활 속에 뿌리깊게 자리하고 있다. 따라서, 한글의 우수성과 가치를 인정함과 동시에 우리의 역사와 현실적 문자생활 속에 깊이 뿌리박고 있는 한자의 위치와 가치 또한 인정해야 한다. 이러한 까닭에 1948년 10월 9일 법률 제 6호로 한글 전용법이 공포된 후에도 우리의 학계와 사회에는 국·한문 혼용론과 한글 전용론이 팽팽히 맞선 가운데 많은 논쟁이 지속적으로 전개되었던 것이다. 그러나, 이처럼 지속된 논쟁 속에서도 한번 수립된 한글 전용정책의 기조는 흔들리지 않았다. 1970년, 정부는 모든 공용문서를 맞춤법에 맞는 가로 쓰기 한글 전용으로 한다는 것을 대통령령으로 규정함으로써 한글 전용의 어문정책이 확정되었다. 그리고, 한자의 교육 문제에 대해서는 1972년 8월 17일 당시 문교부가 중·고등학교 교육용 기초한자를 선정·발표함으로써 제한적인 한자교육을 실시한다는 방침이 확정되었다. 그러나, 그 후로도 각 학술단체와 어문(語文)단체를 중심으로 초등학교에서의 한자교육 부활문제나 중·고등학교 교과서에서의 괄호 안의 한자부활 문제 등을 두고 많은 논쟁과 건의, 성명 등이 지속적으로 나오다가 1976년 4월 16일에 당시 박정희 대통령이 국어순화운동을 지시하고 이어 1977년 8월 18일에 "현실적으로 상용되고 있는 한자를 없애자는 극단적인 주장도 옳지 않지만 상용한자를 현재보다 더 늘려야 한다는 주장도 옳지 않은 것이며 어느 면에서는 시대에 역행하는 것이라고 생각한다."는 담화를 발표함으로써 우리나라의 국어정책으로서의 한자문제에 대한 정부 방침이 확정되었다. 이러한 정부 방침에 발맞추어 1979년 3월 한국어문교육 연구회에서는 상용한자 1800자를 확정·발표하였다. 그 후로는 각 학술단체나 학자들 개인간에는 논쟁도 있었고 정부에 대한 건의도 있었으나 정부의 한글 전용 정책에 변화는 없었다.

　비록 상용 1800 한자를 선정해 놓았으나 현실적으로는 대학 입시제도와 맞물려 각 중·고등학교에서는 상용한자 1800자에 대한 교육도 제대로 실시하지 않고 있는 실정이며 또, 한글 전용이라는 국가의 기본 정책에 의해 대부분의 대중매체나 공문서, 상호, 간판 등에서 한자를 거의 사용하지 않음으로 인하여 우리의 문자생활은 날이 갈수록 한자로부터 멀어져 가고 있다. 이러한 까닭에, 대학을 졸업하고서도 자신의 이름조차 한자로 쓰지 못하는 수준의 소위 '한맹(漢盲)'[2]들이 속출하고 있다. 그렇다고 해서 이러한 '한맹'들이 겪고 있는 문자 생활상의 취약성을 한글이 다 보완해 주느냐하면 결코 그렇지도 않다. 현실적인 문자생활에서 한자가 충당해 주어야할 부분은 분명히 따로 있다. 아무리 한글을 잘 운용한다고 해도 '한맹'이 겪는 문자생활상의 공백과 불편함을 한글로 다 메울 수가 없다. 왜냐하면 앞서 살펴본 바와 같이 한자는 이천년 이상 사실상 우리의 문자로 사용되어 우리의

---

[2] 어느 公企業의 大卒(전문대 포함) 신입사원 입사시험에서 응시자 263명 중 '大韓民國'의 '大韓'을 틀리게 쓴 사람이 64명, '三千里'를 못 쓴 사람이 108명이라는 조사가 이를 뒷받침한다. 우태영, <한자를 모르는 신세대 국학도-한자문화>, 조선일보, 1997. 5. 20.

현실 생활 속에 그 무엇으로도 대체할 수 없을 만큼 뿌리깊게 자리잡고 있기 때문이다.

 이러한 상황 속에서, 앞서 설문을 통해 살펴본 바와 같이 현실적으로 한자를 배워야 할 필요성을 절실하게 느낀 국민들은 학교 교육이 감당하지 못하고 있는 한자를 보충 학습하기 위하여 각종 사설교육기관을 찾아 나서게 되었다. 한글 전용이라는 국가 정책이 엄연히 살아 있는데도 실질적으로 국민들은 한자 학습을 요구하고 있는 것이다. 국내 사정이 이러할 뿐 아니라, 국제적인 상황을 보면 중국의 적극적인 개방과 세계무대로의 활발한 진출, 세계 각 국의 아시아적 가치에 대한 긍정적 평가와 인정, 동양의 정신을 적극적으로 수용하려고 하는 세계 문화의 흐름 등으로 인하여 국제 무대에서의 한자에 대한 관심과 수요는 하루가 다르게 증가하고 있다. 이러한 국내·외의 시대 상황을 반영이라도 하듯 1999년 2월 9일에 정부에서는 공공문서나 간판 등에 '한자 병기(漢字 倂記)'를 실현하겠다는 방침을 발표하였다. 한글 전용 정책을 실시한지 50여 년 만에 한글 전용정책의 문제점을 수정·보완하겠다는 의지로 받아들일 만한 방침이 발표된 것이다.

 이제, 21세기라는 시대 상황에 비추어 현 한국 사회에서의 한자 교육 강화와 한자 사용 확대 문제는 심각하게 재고되고 다방면에서 논의되어야 한다. 아울러 이러한 논의를 바탕으로 우리나라의 국어 정책도 반드시 재고되고, 필요에 따라서는 전면적으로 수정되어야 한다. 이렇게 하는 것이 문화·예술·정보의 시대로 예견되는 21세기에 선진국으로 가는 바탕을 다지는 길이다.

2. 한글전용정책, 어떻게 시작되었는지 아십니까?

1) 미 군정(美 軍政) 시기

1945년 8월 15일 해방이 되자, 남한에는 바로 미군이 주둔하였고 미 군정 치하에서 우리나라의 모든 정책은 미군에 의해서 수립되었다. 당시 태평양 미국 육군 총사령부(사령관 맥아더)가 발표한 포고 제1호 (조선 주민에게 고함), 제2호(범죄 또는 법규 위반에 관하여), 제3호(법화[法貨]에 관하여)는 그대로 군정의 헌법적 역할을 하였다. 특히 포고 제1호에는 우리나라를 통치하기 위한 공식용어를 영어로 한다는 규정이 포함되어 있는데 이로 인하여 후에 미 군정은 통역 정치의 현상을 빚게 되었다. 따라서, 당시에 통역을 맡은 인사들은 자연스럽게 권세를 갖게 되었으며 각종 이권에 개입하거나 직접 정치에 개입하는 등 많은 부작용을 빚었다.[3] 이러한 시대상황 아래에서 당연히 친미적인 인사

---

3) 1945년10월13일자 매일신보의 사설을 보면 당시 통역 정치가 어떠한 문제점을 야기하고 있었는지를 짐작할 수 있다. 사설의 내용은 다음과 같다. 「근래 미군 통역생에 대한 항간의 물의가 분분한 것 같다. 조선 사정을 바르게 이야기하지 않고 그릇된 說問으로 한다느니 또는 어느 당파에 이용되어 그 당파에 관한 것은 좋게 이야기하고 다른 당파에 관한 것은 좋지 않게 이야기한다느니 □□□□한다느니 하고 갖은 아름답지 않은 풍설이 떠돌아다니는 것 같다.……」《자료 대한민국사(I)》,대한민국 교육부

들이 득세를 하게 되었다. 1945년 11월, 사회 각 계층의 인사 80여 명으로 '조선교육심의회'를 조직하고 각종 교육 문제를 분과별로 토의하게 되었는데, '교과서 분과 위원회'에서는 최현배, 장지영이 크게 활약하고 조진만, 황신덕, 피천득 등이 이들에 협력하여 같은 분과 소속 위원인 조윤제의 반대를 꺾고 "한자 사용을 폐지하고 초등, 중등학교의 교과서는 전부 한글로 하되, 다만 필요에 따라 한자를 도림(괄호)안에 적어 넣을 수 있음"이라는 결의를 하게 되었다. 이 결의안이 전체 회의의 토의를 거쳐 1945년 12월 8일에 통과되었다. 이 결의안은 우리나라에서 실시된 '한글 전용'에 대한 최초의 공식 결의로서 이것이 사실상 50여 년이 지난 오늘날까지 변함 없이 시행된 한글 전용정책의 모태가 된 것이다. 이 안이 통과되자, 미 군정청은 바로 이를 재가하여 우리나라 각급 학교의 교과서는 한글 전용에 가로쓰기로 나오게 되었다.[4] 이러한 한글 전용 방침은 당시의 사회적 분위기와도 부합되는 면이 있었다. 왜냐하면 당시는 막 일제의 사슬에서 벗어나 우리의 한글을 되찾은 때라서 한글 존중주의는 자주독립의 상징처럼 팽배되어 있었고[5] 반면에 한자를 사용하자는 주장은 반민족적이며 친일의 잔재로 간주되는 사회 분위기였기 때문이다. 이러한 사회적 분위기에

편, 1968, 251~252 쪽. 이 외에 송남헌, 《解放三十年史》 I (1945~1948), 까치사, 1985, pp.96~97 참조.
4) 한글학회, 《한글학회 50년사》 「한글학회이사회 회의록 제1권」, 1771, pp.418~419. 남광우<한국에서의 한자문제에 대한 연구> 《연구보고서》 제1집, 국어연구소, 1987, pp.12~13에서 재인용.
5) 미군정청 사회과가 1945년 12월 22일부터 1주일 동안 서울 종로의 행인 1,822명에게 조사한 결과 72.5%가 한글 전용을 찬성했다고 한다. 동아일보, 1946년 1월 11일 / 김민수, 《국어 정책론》 서울 : 고려대학교 출판부, 1973, p346. 再引.

편승하여 한글 전용 방침이 그처럼 쉽게 결정되기도 하였지만 다른 한편에는 제2차 세계대전 종전 후 한국에서의 한자 폐지는 물론, 중국 일본 등의 한자 간화나 폐지 등 한자 사용 통제에는 적잖이 외세(미국과 소련)의 사주(使嗾)내지는 비호가 있었다는 견해가 있다. 중국의 문자 개혁은 실로 국제공산당과 소련의 문화 침략 음모아래 소련 공산당 서기장이었던 스탈린에 의해서 책동된 것이라는 설이 진작부터 제기되었었고6) 일본의 경우에는 1948년 연합군 총지령부가 일본의 '국어개혁'의 일환으로 한자를 단계적으로 폐지하고 가타카나 역시 폐지하고 로마 글자로 표기할 것을 강력히 권고하였으며7) 일본 정신이 깃들어 있다는 이유로 일본의 전통 문화인 다도(茶道), 검도(劍道), 유도(柔道) 등을 학교 교육에서 제외시키는 조치를 취하였다. 연합군 지령부의 이와 같은 정책은 일본 국민의 끈질긴 설득으로 인해 오래가지 않아 상당히 완화되기는 하였지만 일본의 어문정책과 문화 정책 수립에 미군이 매우 깊숙이 관여했던 것만은 사실이다. 북한과 몽골의 경우도 마찬가지이다. 북한에서는 소련에서 돌아온 김일성이 소련의 비호아래 집권하면서 전통문화를 버리고 북한 지역을 소련식 공산주의 문화 지역으로 탈바꿈시키기 위해서는 전통문화를 기록하고 있는 한자 사용을 금지해야 한다는 생각으로 한글 전용의 어문정책을 채택하였으며8) 몽골 역시 공산화되면서 자국의 문자를 버리고 로마자를 택하는 수난을 당했다.9) 이처럼 2차 세계 대전 후 동북아시아 지역은 자

---

6) 汪學文, 《論中共的文字改革》, 1978, 중화민국(대만), p.3.
7) 다미아 봄베이(田宮文平), <현대 日本書의 전개>, 《청년작가 한, 중, 일 국제교류전 기념 국제학술발표대회 논문집》, 예술의 전당, 1997, p.125.
8) 남광우, <한국에서의 한자문제에 대한 연구> 《연구보고서》제1집, 국어연구소, 1987, p.9.

기 나라의 힘으로 전통적인 민족 문화를 회복하여 진흥시키려는 노력을 해보기도 전에 당시의 점령군인 미국과 소련에 의해서 미국과 소련의 문화를 따르기를 직·간접적으로 종용받았던 것이다. 다시 말해서 동북아 한자문화권 지역에 새로운 통치 권력으로 등장한 미국과 소련은 이 지역에 뿌리깊게 내려 있는 한자 문화를 약화시키고 자신들의 문화로 이 지역 문화를 대체 시키기 위해서 미국은 미국대로 그들의 점령 지역에서 한자 폐기를 유도하거나 방조하면서 미국 문화를 파급시키려고 노력하였고 소련은 소련대로 그들이 영향력을 행사할 수 있는 지역에서 그들의 문화를 파급시키기 위해 한자 폐기를 적극적으로 유도했던 것이다. 점령지역에 대해서 가지고 있던 미국과 소련의 이와 같은 문화 정서에 비추어 볼 때 미 군정 시절부터 실시된 우리나라의 한글 전용정책에도 미 군정청의 영향력이 작용하였을 것이라는 판단은 어렵지 않게 할 수 있을 것이다. 따라서 우리나라의 한글 전용정책은 해방 직후 미 군정 당시 우리 사회에 형성되어 있던 한글 존중주의는 곧 자주독립과 애국 애족의 상징이요, 한자사용은 곧 반민족적이며 친일의 잔재로 간주되었던 사회적 분위기와 한국에 대한 미국의 새로운 문화통치 의도가 교묘하게 부합되면서 운명적으로 채택되기 시작한 정책이라고 할 수 있다.

---

9) 진태하, <중국의 어문교육실태와 在滿韓人 동포들의 모국어 사랑>, ≪語文硏究≫ 48호 1985, p.536.

2) 제1 공화국

　대한민국 정부가 수립되면서 1948년 10월 9일, 법률 제6호로 '한글 전용법'이 공포되었다. 이 법은 한글 교수지침과 교수 요목 등 미 군정 시기의 과도적인 조치를 친미 성향이 짙었던 제1 공화국에서도 그대로 계승하여 제정한 것이었다. 따라서 국민학교 국어과에는 한자교육에 관하여 전혀 언급하지 않았고, 중·고등학교에만 국어과 교과과정에 항목을 따로 하여 한자 교육 내용을 설정해 놓았다. 당시 한자교육에 대한 정부의 기본입장은 "우리의 실생활에 가장 밀접한 범위 내의 한자와 한문을 적은 노력으로 짧은 기간에 습득하게 하려는 것"이었다. 그러나 1949년 11월 5일, 국회 문교·사회위원회에서는 교과서에서의 한자 사용을 결의하였다.[10] 그리고 1951년 4월 30일에 발표된 '한자지도요령'에서는 학교교육에서 한자를 가르치도록 하였는데 가르칠 내용을 보면 문교부에서 수년간 조사해 놓은 자료를 분석·검토하여 일상생활에 필요하다고 인정되는 한자 1,000자를 고른 후, 국민학교 4학년에 400자, 5학년에 300자, 6학년에 400자를 배당하고 744자의 한자를 교과서에 병기하여 가르치도록 하는 것이었다. 이어 9월에는 상용한자 1,260자 교육한자 1,000자를 제정하였다.[11] 그리고, 그로부터 6년 후인 1957년 12월 6일에는 국무회의에서 '한글 전용 적극 추진에 관한 건'이 의결되었다. 이 때에 의결된 내용은 다음과 같다.

　첫째, 모든 공문서는 한글로만 쓴다. 단 한글로만 써서는 알아보기 어려운 때는 한자를 괄호 안에 써넣을 수 있다.

---

10) 김민수, 《국어정책론》, 고려대학교 출판부, 1973, p. 346.
11) 임홍식, 《중등학교 한자교육 실태연구》, 계명대학교 출판부, 1982, p28.

둘째, 각 기관의 발행물은 물론 현판, 청내(廳內)의 각종 표시를 모두 한글로 고쳐 붙이되 필요한 경우에 한하여 한자나 외국어로 쓴 현판이나 표지를 같이 붙일 수 있다. 단, 한글로 쓴 것보다 아래에 붙이도록 한다.

셋째, 각종 인쇄 등사물(謄寫物), 관인(官印) 등은 모두 한글로 한다.12)

그 동안 정부가 일관되게 한글 전용정책을 펴왔음에도 불구하고, 대부분의 사람들이 여전히 한글과 한문을 혼용하자, 한글 전용을 보다 더 적극적으로 시행하기 위해서 이러한 방안을 국무회의에서 결의하게 된 것이다. 이러한 결의 후에 정부는 '임시 제한 한자 일람표'를 제정하여 발표하였다.

3) 제2, 제3 공화국

4.19 혁명에 의해 탄생된 제2 공화국에서는 1961년 9월 13일 '정부 공문서 규정'을 발표하였다. 이 규정은 한글 전용에 관한 법률을 한층 더 강화한 것으로서 1962년 3월부터는 신문, 잡지 등 모든 간행물은 한글을 전용해야 한다는 것이 주된 내용이었다. 그러나 이숭녕 등 한자 사용을 주장하는 학자와 신문 등 언론에서는 이 규정을 강력히 반대하며 앞서 1957년에 제정한 '임시 제한 한자 일람표'에 의한 한자라도 사용할 것을 주장하였다.13)

---

12) 이응호, ≪한글만 쓰기 운동≫, 한글학회, 1971, p46.
13) 이숭녕 "한자폐지의 법령화에 대하여", ≪사상계≫, 제 103호, 1962

1963년 2월 15일에 제정 공포된 제 2차 교육 과정에 한자 교육의 근거가 마련되었다. 이러한 새 교육과정에 따라 1964년 새학기부터 국민학교 600자, 중학교 300자의 범위 안에서 한자 교육을 부활시켰으며 1965년도 이후의 교과서는 괄호를 제거하고 한자를 노출시켜 편찬되었다. 그러나, 1968년 5월 2일에는 여론의 반대가 극심한 가운데 한글 전용 5개년 계획안이 공포되어 초·중등학교의 한자교육이 폐지되었다. 같은 해 10월 25일 당시 박정희 대통령은 '한글 전용 촉진 7개 사항'을 지시하였다. 여기서는 1948년에 제정되었던 '한글 전용에 관한 법률'에 표시되었던 "다만 얼마동안 필요한 때에는 한자를 병용할 수 있다."는 단서마저도 빼도록 하여 한자를 사용할 수 있는 여지를 아예 없애버렸다. 뿐만 아니라 국내의 공공기관에서는 한자가 사용된 서류는 접수를 금지하도록 함으로써 한자 사용을 철저히 봉쇄하였다. 그러나, 이처럼 한자 사용을 완전히 금하고 나면 민족의 문화가 말살될 것은 명약관화한 일이었으므로 '한글 전용 촉진 7개 사항'의 제 7항에 '고전의 한글 번역을 서두를 것'을 지시하여 최소한의 보완책을 마련하였다. 이어서 11월 17일에는 상용한자까지 폐기하였다.

　그러나 이와 같은 한글 전용정책은 처음부터 많은 문제를 노정 시킬 수밖에 없는 것이었다. 이에, 같은 해(1968년) 12월 24일에는 '한글 전용에 관한 총리 훈령'을 통하여 "다만 한자가 아니면 뜻의 전달이 어려운 것은 당분간 괄호 안에 상용한자의 범위 안에서 한자를 표기해도 무방하다"는 방침을 발표하였다. 그러나, 이 국무총리 훈령에는 "1970년 1월 1일부터는 완전히 한글로만 표기하도록 한다."는 조항이

년 1월, pp.255~231.

덧붙어 있어서 완전한 한글 전용을 1970년 1월 1일부터 시행하는 것으로 확정하였다. 그렇지만 이처럼 강력한 정부의 정책에도 불구하고 정부 기관지인 서울신문을 제외한 다른 신문과 잡지는 대부분 전과 같이 한자를 계속 사용하였으며 전에 정부에서 선정하여 발표했던 '제한한자'보다는 1967년 12월에 한국신문협회에서 자체적으로 제정한 상용한자 2,000자를 오히려 더 많이 활용하였다.

그 후, 1969년 1월 15일에는 국무총리의 '서식(書式) 정비 지시'가 내려졌는데 이것은 1970년부터 등기부와 호적의 기재를 한글로만 한다는 것이 주된 내용이었다. 그러나 이 지시에서도 "성명과 법인 명칭 및 숫자는 당시 등기부와 호적에 기재된 대로 쓰도록 한다"고 하여 한자를 완전히 배제할 수 없다는 한계를 노출하였다. 1969년 9월에는 교육과정령 개정령을 공포하여 한자교육의 근거를 없애고 교과서에서 모든 한자를 제거하였다. 더 나아가 학교에서는 흑판에 한자를 쓰지 않도록 한자 판서까지 금했다.[14] 이처럼 한자 사용을 금지하면서 한자 지도는 한문과로 넘기게 된다. 그러나 1971년 11월 17일에 문교부는 국민학교에서 한자교육을 실시하기로 다시 정책을 번복하고 전국 각 시·도에 실험학교를 선정하는 등 준비에 착수했다. 1972년 2월에는 교육령 시행령의 개정으로 중학교에 한문교과가 신설되었다.

4) 제4 공화국 이후

1974년 7월 11일에는 문교부가 중·고등학교 교과서에서의 한글·한자병기 방침을 결정하여 발표하였다. 그리하여 1975년 3월부터 중·고

---

14) 김민수, 《국어정책론》, 고려대학교 출판부, 1973, pp.349~350.

등학교 교과서에 한자가 들어가게 되었고 문교부는 이와 같은 한자 병기(併記)의 이유로 첫째, 일반 사회에서는 국·한문을 혼용하고 있는데 교과서만이 한글을 전용하여 학교 교육과 사회현실과 거리가 생겼고, 둘째, 한글 전용의 결과 학습지도에 무리한 점이 많고, 셋째, 영자(英字)는 병기하면서 한자는 안 쓴다는 것이 모순된다는 점 등을 들었다. 문교부의 이와 같은 조치는 5년 전부터 실시해온 한글 전용 교육 정책을 사실상 백지화시킨 것이다.

1974년 12월 31일 한문이 국어과에서 분리, 독립되고 한문교과는 다시 <漢文Ⅰ>과 <漢文Ⅱ>로 분리되어 <漢文Ⅰ>은 필수교과가 되고 <漢文Ⅱ>는 선택교과가 되었다. 1975년 3월 1일부터 중·고교 교과서에 한자가 병기되기 시작했다. 대한교육연합회, 한국어문연구회 등이 국민학교부터 한자교육을 실시할 것을 촉구하자, 1976년 9월 22일 문교부는 "국민학교 한자교육은 않기로 한다."고 발표했다. 1977년 8월 18일 당시 박정희 대통령은 "현실적으로 상용되고 있는 한자를 없애자는 극단적인 주장도 옳지 않지만, 상용한자를 현재보다 더 늘려야 한다는 주장도 옳지 않다"는 내용의 담화를 발표했다.

이 담화를 발표한 이후 1979년 3월에는 상용한자 1800자가 확정 발표되어 이후 한자의 교육과 사용은 철저하게 이 1800자의 범위 내에서 제한되었다. 그러나 현실적으로는 이 1800자 마저도 제대로 사용되거나 교육되지 못한 채 한자는 우리의 생활과 교육의 현장에서 점차 멀어지게 되었다.

제5 공화국이나 제6 공화국 시절에는 어문정책에 대한 정부의 별다른 방침이 제시되지 않았다. 이러한 가운데 한자 교육 부활의 필요성을 주장하는 학자들의 주장과 그것을 관철하고자하는 행동이 지속적으로 나타났고[15] 한글 전용을 주장하는 사람들은 또 그들대로 지속적으로 한글 전용의 필요성을 강조하였다.

그러나 1990년대에 들어서면서부터 국제 사회의 환경 변화로 인한 중국과 동북아시아 지역의 세계무대에서의 위상 제고 등에 힘입어 우리 사회에서 한자 교육의 필요성을 강조하는 목소리들이 다시 고개를 들기 시작했다. 이러한 분위기 속에서 조선일보는 1994년 2월 7일부터 28일까지 17회에 걸쳐 '아태(亞太) 시대 우리들의 국제 문자 한자를 배웁시다.'라는 기획시리즈를 연재하였다. 언론사의 이러한 기획은 국민들로 하여금 한자에 대한 인식을 새롭게 가지게 하였다. 이어 1994년 3월 당시 김영삼 대통령은 일본과 중국을 방문하면서 한·중·일 3국의 협력과제의 하나로 '한자의 국제 표준화'를 제시하였다. 이런 상황에서 국민들의 한자 교육과 학습열기는 크게 달아올랐다.[16] 그러나 한자의 사용과 교육에 대한 정부의 새로운 방침이나 대책은 전혀 제시되지 않았다. 그러다가 1999년 2월 9일 김대중 정부에서 다시 '한자병기' 방침을 밝혔으나, 아직까지 별다른 후속 조치가 없는 가운데 전국적으로 한자 교육의 열기만 더욱 확산되어 가고 있는 실정이며 특히 월드컵 경기를 치른 2002년에 이르러서는 중국 관광객의 한국방문이 증가하면서 중국과 한자에 대한 범국민적 관심이 크게 늘어나고 있다.

---

15) 그 대표적인 예로 1992년 2월 11일 柳正基(전직 충남대 교수, 1988. 12. 27. 한글 전용 반대로 파면) 등 5명이 헌법재판소에 「한글 전용 초등 국정 교과서 편찬 지시 처분.」에 대한 헌법 소원을 제출하였고 1993년 12월 23일에 그에 대한 변론이 있었다.

16) 1994년 2, 3월 교보문고의 한자 교육관련 서적 판매량이 전년도 같은 기간에 비해 2 배가 되었고, 교보 문고를 비롯한 각 서점에 한자 서적 코너가 특설되었다. 1994년 3월 19일자 조선일보 기사 참조.

3. 한글전용, 원초적으로 잘못된 주장입니다

한글 전용론과 국한문 혼용론 사이의 논쟁은 실로 오래된 논쟁이다. 그러나, 1970년대에 정부가 사실상 한글 전용론자들의 손을 들어줌으로써 당시까지의 논쟁은 현실적 어문정책에 대한 반영면에서 한글 전용론자들의 승리로 끝난 셈이다. 그 후로는 논쟁의 양상이 전처럼 격렬하지 않은 상태에서 양측이 모두 기왕에 주장했던 내용 외에 새로운 내용을 별로 제시하지 않은 채 교육과정 개정, 공휴일에서 한글날 제외 등의 사안이 있을 때마다 양측이 서로 공박 성명서를 내고 관계 부서나 국회에 건의문을 제출하는 등의 활동을 통해 대립된 양상을 그대로 유지해 왔다. 이러한 사이에 한글 전용을 원칙으로 하는 정부의 어문정책 방향에 따라 한자교육은 대폭 약화되고 사회에서의 한자 사용도 거의 이루어지지 않았다. 그러다가 1999년 2월 9일 정부의 '한자병기(漢字竝記)' 방침이 발표되면서 양측의 학자들이 T.V에 출연하여 토론을 하는 등 논쟁이 재연되는 양상을 보이는 듯 했으나 아직 사회적으로 큰 관심을 끌만한 격렬한 논쟁은 나타나지 않고 있다.

소위 '한글 전용론'이란 "우리나라의 일상 문자 생활에서 우리의 글자인 한글만으로 쓰자는 것"이다.[17] 다시 말해서, "입으로 하는 소리말(音聲言語)과 붓으로 쓰는 글자말(文字言語)의 일치를 꾀하는 것"인 것이다. 그리고 '한글 전용정책'이란 "한글 전용에 관한 국가 정부 차원의 정책으로서 한글 전용을 촉진하고 수행하며 한글 전용에 장애가 있을 경우 한글 전용에 이롭도록 해결방안을 모색하는 일 등"을 말한다.18)

한글 전용론자들이 제기한 한글만 써야 하는 이유 즉, 한글을 전용해야 하는 이유는 논자와 정리자에 따라 약간의 차이를 보이기는 하나 그간에 여러 학자들에 의해서 제시된 한글 전용의 이유를 정리해 보면 대강 다음과 같은 9가지로 요약할 수 있다.

① 한글 전용은 교육적 효과를 높일 수 있다.
② 한자는 근본적으로 어려운 문자이다.
③ 한글은 우수한 우리문학 창작에 크게 유리하다.
④ 한글은 기계화가 용이하다.
⑤ 한글은 문자발달사상 가장 발전한 단계의 문자인 소리글자이고 한자는 뜻글자로서 소리글자보다 전 단계의 미개한 문자이다.
⑥ 한글의 우수성은 이미 세계적으로 인정받았다.
⑦ 한글은 민족문화의 발전과 보존에 유리하다.
⑧ 한글의 사용으로 민족 주체성을 보다 공고히 할 수 있다.
⑨ 시대적 상황이 한글 전용을 요구하고 있다.19)

---

17) 허만길, 《한국 현대 국어정책 연구》, 국학자료원, 1994, P.141.
18) 상게서, 같은 곳.
19) 이 9개항의 이유는 김문창의 정리에 근간을 두고 있다. 한국정신 문화 연구원에서는 1985년에 《국어교육과 한자문제》라는 책을 내었다. 당시 정신문화 연구원장이었던 유승국은 간행사에서 다음과 같이 말하였다.

이상과 같은 이유로 한글 전용이 국가의 어문정책으로 채택되어 지금까지 일관되게 시행되고 있는데 이들 이유는 처음부터 설득력을 가질 수 없는 이유들이다. 더욱이 한글전용의 정책이 시행된 지 50여 년의 세월이 지난 지금의 입장에서 보면 그 이유라는 게 너무 터무니없어서 황당하기까지가 하다. 이제, 이 한글 전용론의 이유들에 대해서 보다 객관적으로, 그리고 보다 학문적으로 살펴볼 필요가 있다. 그리하여 한글전용이 안고 있는 여러 가지 문제점을 지적함으로써 현 한국사회에서의 한자 사용을 강화해야할 필요성을 분명하게 밝혀야 한다. 그것이 이 나라를 살리고 나아가 21세기에 세계문화를 선도하는 길이 될 것이다.

　"본원 어문 연구실에서는 한글 전용에 관한 찬반 양론의 이론적, 실재적 주장을 정리하여 매듭지을 필요성을 느끼고 한글 전용론과 한자 혼용론에 대한 어문 분야의 전공자 각 1명과 어문분야 이외의 비전공자 각 1명 도합 4명을 선정하여 각자의 입장에서 연구 논문을 집필하도록 하였다……《국어교육과 한자문제》는 한글 전용론과 한자혼용론 문제를 종합적으로 그리고 체계적으로 정리하였다." 김문창의 <한글 전용론과 국한 혼용론의 비교 연구>는 이《국어 교육과 한자문제》에 실린 논문으로서 이 논문에서 김문창은 한글 전용론자들이 주장하는 한글 전용의 이유를 9개 항목으로 정리하였다.

1) 한글을 전용하면 교육적 효과를 높일 수 있다고요? 한글전용이 오히려 교육을 망치고 있습니다.

한글전용론자들은 학습내용을 쉬운 한글로 풀어서 가르치기 때문에 한글을 전용을 했을 경우에 교육적 효과가 한층 높다는 주장을 한다. 이러한 주장을 뒷받침하는 연구보고서에 의하면 중학생을 대상으로 한자어와 순수한글(고유어) 두 종류의 문법 용어를 가르치고 시험을 친 결과 한자어로 가르친 경우의 정답율은 9%인데 반하여 한글식 용어로 가르친 경우에는 37%의 정답율을 보였다는 것이다.20) 뿐만 아니라, 국민학교 저학년에게 한자를 가르친 결과, 가르치지 않은 반에 비해 국어성적이 20점이나 감소했다는 보고서도 있다.21) 그런데, 이러한 종류의 보고서는 상당히 오래 전에 작성된 보고서라서 오늘날의 입장에서 보았을 때 실감이 나지 않는 보고서라는 생각이 든다. 그러나, 이처럼 현실감이 떨어진다는 점을 감안한다고 하더라도 조사 당시에 과연 이러한 결과가 나올 수 있었을까 하는 의심이 든다. 왜냐하면 최근에 필자가 조사한 바에 의하면 한자를 사용하고 또 한자를 많이 알수록 훨씬 높은 교육적 효과를 거둘 수 있다는 결과가 나왔기 때문이다. 조사를 위해 중·고등학교 학생과 교사들에게 다음과 같은 '예(例)'와 문항을 제시하였다.

※ 다음은 교육부에서 펴낸 중학교 국사(하) 44~45쪽에 나오는 문장들입니다. A형은 현행 교과서대로 한글로만 써놓고 그에 따른 교육

---

20) 정휘창, 한국일보, 1964. 2. 4.
21) 임옥순, <저학년 한자학습지도의 적용실천을 통한 문제점 분석>, 발표 논문. 김문창, ≪국어문자 표기론≫, 문학세계사, 1984. p.79 再引.

방법을 제시하였고, B형은 주요 단어에 대해 ( )안에 한자를 써넣고 그에 부합되는 교육방법을 제시하였습니다. A형과 B형을 잘 비교해 보시고 아래의 물음에 답해 주시기 바랍니다.

〈표 4〉

	A 형	B 형
교과서 문장	· 정권에서 소외된 많은 양반들은 경제적으로도 몰락하여 잔반이 되었다. · 납속책의 확대로 웬만큼 재산이 있는 상민은 쉽게 신분을 높일 수 있었다.	· 정권에서 소외된 양반들은 경제적으로도 몰락하여 잔반(殘班)이 되었다. · 납속책(納粟策)의 확대로 웬만큼 재산이 있는 상민은 쉽게 신분을 높일 수 있었다.
주요 단어	· 잔반 · 납속책	· 잔반(殘班) · 납속책(納粟策)
교육 방법	· '잔반'이란 당파 싸움이나 조정내에서의 권력 다툼에서 밀려 권력을 잃게 됨으로써 경제적 능력까지도 상실하게된 허울만 양반인 양반을 말합니다. · 납속책이란 곡식을 헌납하면 그에 상응하는 상을 주거나 청을 들어주는 제도로서 조선 후기에는 돈 많은 상민들이 납속책을 이용하여 신분 상승을 꾀하였습니다.	· '잔반(殘班)'의 '잔(殘)'은 '쇠잔할 잔, 나머지 잔'자입니다. 그러므로 '잔반'이란, 「정치적 권력과 경제력을 잃은 쇠잔한 나머지 양반」이라는 뜻입니다. · '납속책(納粟策)'의 '납(納)'은 '바칠 납'자 이고 '속(粟)'은 '곡식 속'자입니다. 그리고 '책(策)'은 '정책'이라는 뜻입니다. 그러므로, '납속책'이란, 부자들이 관청에 곡식을 바치면 그에 상응하는 상을 주거나 청을 들어주는 제도로서 조선 후기에는 돈 많은 상민들이 이 납속책을 이용하여 신분 상승을 꾀하였습니다

《문항》

1. 『A형은 암기식 공부이고 B형은 이해식 교육이라고 할 수 있다.』
고 주장하는 사람이 있다면 그의 주장에 대한 귀하의 견해는 어떻습니까?
① 맞는 말이라고 생각한다. ② 거의 맞는 말이다. ③ 틀린 말이다.

2. A형과 B형을 비교해 본 후, 갖게 된 귀하의 생각은 어떠합니까?
① A형만으로도 충분히 이해가 된다. 굳이 (   )안에 한자를 넣을 필요가 없다.
② (   )안에 한자를 써 넣어준 B형으로 배우면 훨씬 이해가 빠르고 기억도 오래 될 것 같다.

조사 결과 학생들과 교사 모두 B형의 교과서와 B형의 교육방법을 압도적으로 지지하였다. 조사 결과를 표로 정리하여 구체적으로 제시하면 다음과 같다.

〈표 5〉 1번 문항에 대한 응답 결과:

조사자 수	중학생			고등학생			교사		
	138			125			88		
응답자 수	①	②	③	①	②	③	①	②	③
	73	45	20	71	40	14	39	39	10
비율(%)	53	33	14	57	32	11	44	44	12

이러한 응답 결과를 다시 한자 사용을 긍정적으로 본 견해와 부정적으로 본 견해로 나누어 표를 만들어 보면 다음과 같다.

⟨표 6⟩

조사자수	중학생 138		고등학생 125		교사 88	
응답자수	긍정	부정	긍정	부정	긍정	부정
	118	20	111	14	78	10
비율(%)	86	24	89	21	89	21

⟨표 7⟩ 2번 문항에 대한 응답 결과:

조사자수	중학생 138		고등학생 125		교사 88	
응답자수	긍정	부정	긍정	부정	긍정	부정
	81	57	88	37	69	19
비율(%)	59	41	70	30	78	28

위의 표를 통해서 우리는 교과서에서의 한자 사용을 긍정적으로 보는 답이 부정적으로 보는 답보다 훨씬 많다는 사실을 확인하였다. 중·고등학교의 학생이나 교사 모두가 학습의 핵심이 되는 한자어를 한자로 나타내고 그 한자를 풀어서 설명해 주는 방식으로 가르칠 때 훨씬 교육적 효과를 높일 수 있다고 생각하고 있는 것이다.

한편, 대학생의 경우, 대학에서의 공부와 한자능력과의 관계를 묻는 질문 즉 "대학에서의 공부와 한자 능력과의 관계에 대한 귀하의 견해는 어떠합니까?"에 대해, 응답자 261명중 무려 242명(93%)이 "한자를 많이 알면 훨씬 학습효과를 높일 수 있다"고 대답하였고 단지 19명(7%)만이 "한자를 모르더라도 공부하는데 별 지장이 없다"고 답하였다.[22] 이 조사는 공대, 법대, 자연대, 인문대, 사회대, 예술대 등 다양

---

22) 본서 권말 부록 ≪설문지 분석≫ 참조.

한 전공의 학생이 고르게 분포된 1학년 교양과목을 듣는 학생들을 대상으로 이루어졌다. 따라서, 이 조사에 나타난 결과로 본다면 대학생 대다수가 전공에 관계없이 한자를 많이 알수록 교육 효과를 높일 수 있다는 생각을 가지고 있다고 할 수 있다.

이상과 같은 조사 결과로 볼 때 한자를 많이 알수록 교육적 효과를 높일 수 있다는 데에는 이론(異論)의 여지가 없다고 생각한다. 그러므로, 한글 전용론자들이 한자를 폐지하고 한글로만 쓰여진 교과서를 가지고 핵심적인 한자어에 대해서도 그 말이 그렇게 쓰이게 된 이유에 대한 어원적인 설명이 없이 그냥 쉬운 우리말로 설명만 하는 방식으로 가르치는 것이 더 교육적 효과를 높일 수 있다고 주장하는 것은 옳지 않은 주장임이 밝혀졌다. '쉬운 우리말인 한글로만 가르치기' 때문에 보다 쉽게 이해시킬 수 있고, 그렇기 때문에 한글 전용의 교과서를 이용한 한글 전용의 교육이 보다 효과적이라는 주장은 언뜻 보기에는 그럴 듯 하지만 사실은 전혀 그렇지 않은 것이다.

다시, 현행 중학교 3학년 교과서에 사용된 용어의 일 단면을 살펴보기로 하자.

  * 과학 교과서[23])의 경우 :
  역학적 에너지, 증기분사관, 금속구, 간조와 만조, 전해질, 도선, 전하, 감수 분열, 상동 염색체, 적도면(생물용어), 동원체, 이분법, 출아법, 포자법, 편모(생물용어), 굴화성, 화분관핵, 형성층, 대립형질, 미맹, 용불용설, 천구, 구상성단 ………

---

[23]) 여러 교과목 가운데 과학 과목이 서양 학문에 비교적 근접해 있는 과목이라고 판단되어 한자어가 가장 적을 것으로 보고 일부러 과학 과목을 택하였다. 중학교 3학년 《과학》, 공구영 외 12인, 지학사.

위에 예시된 용어들을 한자의 도움 없이 제대로 이해하기란 결코 쉽지 않다. 이러한 한자용어의 출현은 어느 교과서나 마찬가지이다. 그럼에도 불구하고 교육 현장에서는 한자를 이용한 근원적인 설명이 이루어지지 않고 있으니 학생들은 그저 외국어 단어 외우듯이 그 단어를 외우고 있는 것이다.

국어 교과서의 경우에는 더러 필요한 경우에 ( )를 이용하여 한자를 병기하기도 하였고, 더러는 페이지 하단에 주(註)를 이용하여 설명을 덧붙여 놓기도 하였다. 그런데, 주를 이용하여 덧붙인 설명 중에는 심각한 문제가 있는 것도 있었다. 예를 들어 보기로 하자. 중학교 3학년 국어 교과서에 나오는 '맥락(脈絡)'이라는 말에는 '지금하고 있는 말에 앞선 말과 뒤에 나타낸 말'이라는 주가 붙어 있다[24]. 이런 풀이가 과연 맥락이라는 말을 제대로 풀어놓은 풀이일까? 국어사전에는 '맥락'이라는 말이 '혈맥이 서로 연락되는 계통. 사물의 서로 잇닿아 있는 관계나 연관'이라고 풀이되어 있다.[25] 그런데, 한자 자전에 풀이된 '맥(脈)'과 '락(絡)'자의 자해(字解)를 보면 '脈'은 '피가 순환하는 줄기'라는 뜻인데 그 뜻이 확대되어 '끊이지 않는 모양, 연달아 이어지는 모양(연달을 맥)을 나타낸다'고 되어 있고 '絡'은 '얽힐 락, 이를 락'이라고 하여 '이리 저리 얽히면서도 이어져 있는 모양을 나타낸다'고 풀이하고 있다.[26] 이러한 자해(字解)대로 본다면, 맥락이란 혈맥과 경락(체내에 기(氣)가 돌아다니는 길)의 줄임말이다. 따라서 '맥락'이라는 말에 대한 보다 더 근원적이고 보다 더 친절한 풀이는 '체내에 피가

---

24) 중학교 3학년 ≪국어≫, 한국교육개발원, 교육부.
25) 신기철, 신용철 편, ≪새 우리말 큰 사전≫, 三省출판사. 1991.
26) 李相殷 감수, ≪漢韓大字典≫, 민중서관 p.1017, p.964.

흐르는 줄기인 핏줄이나 기가 흐르는 경락과 같이 일정한 질서 속에 서로 얽히고 잇닿아 있는 관계'라고 해야 할 것이다. 그런데 중3 국어 교과서의 주에는 그냥 '지금 하고 있는 말에 앞선 말과 뒤에 나타난 말'이라고만 풀이되어 있다. '맥락'이라는 말의 어원이나 본의(本意)는 전혀 설명하지 않은 채, 한 문장 안에서의 전후 연결성만을 들어 '맥락'이라는 말의 의미가 그게 다 인양 설명해 놓은 것이다. 그야말로 '현시적'이고 '평판적'인 설명이다.27) 이렇게 가르쳐 놓으면 학생들은 맥락을 '문맥'과 거의 비슷한 말 정도로만 이해할 수 있을 뿐 맥락이라는 말의 본의도 이해할 수 없고 그것이 본의를 바탕으로 어떻게 인신·확대(引伸·擴大)되어 쓰이는지 그 언어의 운용면(運用面)은 전혀 이해할 수가 없는 것이다. 한자를 알려주면 자동으로 이해될 뿐만 아니라, 그 언어의 인신의(引伸意)나 확대의(擴大意) 등 운용면까지도 확연하게 유추해내고 또 그것을 토대로 무한한 응용까지도 충분히 가능할 텐데 지금의 교육은 그러한 길을 모조리 막고서 그때그때 필요한 뜻만 동전의 액면가를 알려 주듯이 현시적으로만 가르쳐 주고 있으니 학생들은 그 단어가 왜 그런 뜻을 지니게 되었는지를 전혀 알지 못한 채 우리말임에도 불구하고 마치 외국어 단어 외우듯이 일일이 외우고 있는 것이다. 현재 초·중·고등학교에서 이루어지고 있는 교육의 실상이 거의 다 이런 양상을 띠고 있다.

언어나 문자는 역사적 산물이고 소위 '약정속성(約定俗成:약속으로 정한 것이 풍속으로 굳어져서 백성들이 습관적으로 자연스럽게 사용하게 되

---

27) 여기서 사용된 "현시적", "평판적"이라는 말은 한글 전용론자인 최현배가 애용한 말인데 한글로만 써놓으니 무슨 뜻인지 알기가 쉽지 않다. 이 말의 의미에 대해서는 뒤에서 다시 언급할 것이다. 주 60)의 본문 및 주 61) 참고.

는 것)'의 결과물이다. 따라서, 우리는 싫든 좋든 간에 오랜 세월동안 한자를 써왔고 그 결과, 한자어가 우리말화 했음을 직시하고 인정해야 한다. 그리고 "문자는 바로 말을 담는 그릇"이라는 상식에 입각하여 한자에서 유래된 말은 한자어로 어떻게 쓰는지를 알아서 그 말의 본 뜻이 무엇임을 알 필요가 있다. 우리가 일상으로 사용하고 있는 한자어에 대해 모든 한자어를 다 그렇게 알고 써야 한다고 주장하는 것은 아니다. 이미 한자로 쓰지 않고 또 그 어원을 밝히지 않더라도 훤히 그 의미를 파악할 수 있는 한자어는 굳이 그 말에 상응하는 한자를 염두에 둘 필요가 없을 것이다. 그러나, 한자로 어떻게 쓰는지를 모르고서는 그 의미를 정확히 파악할 수 없는 말조차도 한글 전용이라는 정책의 사슬에 묶여 근본적인 뜻을 모르는 채 현시적이고 평판적이며 피상적으로 사용하고 만다는 것은 바른 문자 생활, 깊이 있는 문자 생활, 바르고 알찬 교육을 위해서 있을 수 없는 일이다. 교육 현장에서 피할 수 없는 핵심적 한자어에 대해 그에 상응하는 한자를 제시하지 않은 채 순 한글로만 설명해주는 방식의 교육은 아무리 장황하게 설명을 한다고 해도 결국은 '왜' 그 말이 그 뜻으로 쓰이는지 그 '이유'를 모르는 채 외우게 하는 암기식 교육이 될 수밖에 없다. 그러한 교육이 효과를 거둘 리 만무하다. 그러므로, 한글 전용정책이 적용된 지 50여 년이 지난 이 시대를 살고 있는 중·고등학생들과 교사, 대학생들의 대부분이 위의 설문 조사에서 본 바와 같이 교육의 효과를 높이기 위해서는 한자가 절대적으로 필요하다는 인식을 하고 있는 것이다.

2) 한자를 어려운 글자라고 세뇌하려 들지 마세요

한글전용론자들은 한자를 배척해야 하는 가장 큰 이유로서 한자의 어려움을 들어왔다. 과연 한자는 어려운 글자일까? 우선 한글전용론자의 주장을 보도록 하자. 한글전용론의 선두 인물인 최현배는 일찍이 한자가 어려운 문자인 까닭을 일곱 개 항목으로 나누어 진술한 바 있다.

첫째, 한자는 그 수효가 너무 많다.
둘째, 한자는 그 자수가 많을 뿐 아니라, 그 글씨체가 시대를 따라 여러 가지 변천이 있다.
셋째, 한자는 그 소리가 일정하지 아니하여 시대를 따라 나라를 따라 또 지방을 따라 그 소리가 다르다. 또 한자는 한 가지의 글자라도 그 경우(뜻)를 따라, 그 소리가 다르다.
넷째, 한자는 그 획 수가 많아 쓰기 어려운 것이 많다.
다섯째, 한 자에 여러 가지 뜻이 있으며 또 한 가지의 사물에 대하여 여러 가지의 글자가 있어 기억하기에 더욱 어렵다.
여섯째, 한자는 그 자획의 사소한 차이로 인하여 그 글자가 전연 다른 것이 많다.
일곱째, 한자는 한 가지의 뜻에 여러 가지 글자를 구별하는 것이 많으므로, 그것을 일일이 구별하기가 썩 어렵다.[28]

최현배의 이와 같은 주장에 대해 많은 선배 학자들이 그 주장의 터

---

28) 최현배, 글자의 혁명, 정음문화사, 1983, pp.16~24.

무늬없음을 지적하였다. 그러나, 정부가 한글전용의 어문 정책을 채택한 후로 국민들은 학자들의 말에 귀를 기울이기보다는 정부의 정책과 홍보에 따라 한자는 어려운 문자라는 인식을 갖게 되었다. 이런 까닭에, 지금도 한글 전용을 주장하는 사람들이 한자 폐기의 이유를 들 때면 으레 최현배의 이 주장에 기초하여 한자의 난해성을 앞세우고 있다. 그러므로 최현배가 제시한 한자가 어려운 문자라는 일곱 가지 이유에 대해 그 사실성 여부를 확인해 보는 것은 대단히 의미가 있다고 생각한다. 이제, 보다 새로운 각도에서 보다 구체적으로 최현배가 주장한 한자가 어려운 글자라는 이유에 대해서 확인해 보고자 한다. 결론부터 말하자면 최현배가 제시한 위의 일곱 가지 이유는 다 맞지 않는 이유이다. 특히 둘째, 셋째, 다섯째, 여섯째, 일곱째 이유는 그야말로 한자 사용을 반대하기 위한 반대 이론이라고 할 만큼 억지스러운 면이 있다. 우선 그것이 왜 억지스러운지 그 이유를 살펴보도록 하자.

우선 최현배가 제시한 두 번째 이유를 보자면, 최현배는 "한자는 그 자수가 많을 뿐 아니라, 그 글씨체가 시대를 따라 여러 가지 변천이 있다."고 하였는데 이는 한자의 여러 가지 자체(字體)인 전서(篆書), 예서(隸書), 팔분(八分), 행서(行書), 초서(草書) 등을 두고서 한 말이다. 그런데 최현배의 이와 같은 주장은 마치 '논농사 짓기의 어려움'을 논하는 자리에서 갑자기 '바위산을 개간하기가 참 힘들다'고 역설하는 것이나 마찬가지인 억지이다. 왜냐하면 우리의 어문정책에서 논의의 대상으로 삼는 한자란 바로 이미 활자화해서 쓰이고 있는 해서(楷書:정자)를 말함이지, 3~4,000천 년 전 중국의 주(周)나라 때나 한(漢)나라 때에 쓰던 전서나 예서가 아니기 때문이다. 우리가 한글 전용을 이야기할 때 대상으로 삼는 한글이 요즈음 쓰는 한글이지 아래아(·)나 반치음(△) 등이 포함된 고문(古文) 한글이 아니듯이 말이다.

  최현배가 한자를 어려운 글자로 본 세 번째 이유는 "한자는 그 소리가 일정하지 아니하여 시대를 따라 나라를 따라 또 지방을 따라 그 소리가 다르다. 또 한자는 한 가지의 글자라도 그 경우(뜻)를 따라, 그 소리가 다르다"는 것으로서 한자에는 '金'을 '김'이라고 읽기도 하고 '금'이라고 읽기도 하는 현상이 있음을 두고 한 말인 성싶은데, 이것도 정당한 이유가 되지 못한다. 왜냐하면 실지 어문 생활에서 사용되는 상용한자 중에 이러한 한자는 극히 일부분이기 때문이다. 그러나, 만약 그것조차도 많다고 여긴다면 그것을 한글의 경우와 비교해 볼 필요가 있다. 소리글자인 한글에서 같은 의미의 말이라도 시대에 따라, 혹은 지방에 따라 달리 읽히고 달리 쓰이는 예는 이루 헤아릴 수 없이 많다. 예를 들자면, 조선 시대에는 '…도곤'(고기도곤 맛이이세)이라고 했던 것을 오늘날에는 '…보다'(고기보다 맛있구나)라고 한다거나, '불휘'라고 하던 것을 '뿌리' 라고 한다거나, 전라도에서는 '담박질'(달음질)이라고 하는 것을 경상도에서는 '쪼쭈발이'라고 하고, 전라도에서는 '솔'(부추)라고 하는 것을 충청도에서는 '정구지'라고 하는 등, 그 예는 이루 헤아릴 수 없을 만큼 많은 것이다. 동일한 의미를 나타내는 단어가 이렇게 서로 다르게 쓰이는데 이렇게 달리 쓰이는 그대로를 문장으로 표현했다고 가정해 보자. 참으로 알아보기 힘든 문장이 될 것이다. 그러나, 한자는 옛날에도 '뿌리'는 '根'으로 쓰고 지금도 '根'으로 쓰며 전라도, 경상도, 충청도 뿐 아니라 중국, 일본 어디를 가도 '根'으로 쓴다. 그래서 한자로 쓰여진 문장은 시대나 지역을 초월하여 언제 어디서라도 글자만 알면 뜻을 파악할 수 있다. 영국 사람들이 현대 영문을 다 읽을 줄 알면서도 400년 전 셰익스피어의 원고는 전문가가 아니고서는 읽을 수 없는데 반하여 중국인들은 한자만 알면 2000년 전 공자(孔子)와 그 제자들의 어록(語錄)인 ≪논어(論語)≫의 의미를 파악할 수 있는 까닭이 바로 여기에 있는 것이다. 그럼에도 불구하고 최현배는 한자가 가지고 있는 이러한 편리성은 묻어둔 채 한글에서도 얼마든지 발견할 수 있는 이음(異音)현상 즉 '金'을 '김'이라고 읽기도 하고 '금'이라고 읽기도 하는 현상 몇 가지를 가지고서 한자를 어려운 문자로 매도해 버린 것이다.

최현배의 다섯 번째 이유는 한자는 한 글자에 여러 가지 뜻이 있어서〔一字多義〕어렵다는 것인데, 최현배는 그런 이유를 대 놓고서 바로 이어서 '이런 일은 다른 소리글자에도 있기는 하다'고 하였으니 그것은 처음부터 이유다운 이유가 되지 못하는 것이었다. 그러나, 최현배는 그리한 '일자다의(一字多義)' 현상이 한자에 특히 심하다는 설명을 붙여 한자의 어려움을 증명하려고 했는데 영어 사전을 한번만 펴 보았어도 그런 이유는 대지 못했을 것이다. 소리글자인 영어의 경우에도 한 단어에 수많은 다른 뜻이 있는 예가 허다하여 한자와 비교해 보았을 때 어느 것이 더 다의적이라고 단정지을 수 없기 때문이다.29)

최현배의 여섯 번째 이유는 '天(천)'과 '夭(요)', '力(력)'과 '刀(도)' 등의 한자는 자형이 비슷하여 구별이 곤란하므로 한자는 어렵다는 것인데, 이것은 한자를 전혀 안 배웠거나 한자를 의도적으로 폄하(貶下)하려는 사람들이 한자 획의 특징을 모르거나 묵살한 채 외형만 보고서 할 수 있는 말이다. 일정 기간 동안(약 1개월 이내) 한자 교육을 받고 나

---

29) 뿐만 아니라, 한 언어가 가지는 다의성은 단점이 아니라, 오히려 장점이다. 영국의 시인이며 문학비평가인 William Empson(1906-1984)은 ambiguity, 즉 다의성(多義性)이 많은 언어일수록 훌륭한 언어라고 하였다. 그만큼 함축적인 표현을 할 수 있어서 문장의 내함을 풍부하게 하기 때문이다.

면 한자 필획 구성의 기본 요소들을 파악하게 되어 ' ノ(삐침)'과 'ㄱ(그음)'의 차이, ' ㅣ(내리그음)'과 ' ㄉ(내리 그어 삐침)'의 차이가 현격한 것임을 인식하게 되고, 그러한 점이 바로 일부 한자의 차이를 구별짓는 중요한 요소임을 인식하게 되어 더 이상 혼동을 겪지 않게 된다. 게다가, 인쇄체에서는 '삐침'이나 '그음' 등의 차이가 더욱 현격하여 혼동할 가능성이 거의 없고, 손으로 쓸 경우가 문제가 될 수도 있는데, 이처럼 글자의 변별도를 문제로 삼아 한글과 한자를 비교하자면 한자보다는 '고통'과 '교통', '비관론'과 '비판론', '물'과 '뭍' 등의 유사성에서 보는 바와 같이 한글이 오히려 더 분별하기 힘들다고 해야 할 것이다.30) 게다가 흘려 쓰기까지 한다면 한글은 획 수가 적어서 약간만 흘려 쓰면 'ㄷ'과 'ㄹ', 'ㅍ'과 'ㄹ', 'ㅅ'과 'ㅈ', 'ㅈ'과 'ㅊ' 등을 거의 구분할 수 없다. 한글을 처음 배우는 초보자에게는 한글의 '획 수 적음'으로 인한 변별도 부족이 한자 가운데 일부 글자의 '유사성'보다 더 혼란스러울 수가 있는 것이다.31) 따라서, 한자 가운데 몇 글자가 서로 닮아

---

30) 한글의 이러한 단점을 김문창은 "교란감도(攪亂感度)가 높다"는 말로 설명하였다. 예를 들자면, "고통"과 "교통", "비관론"과 "비판론", "물"과 "뭍" 등의 단어는 음소하나가 바뀜으로 인하여 전혀 다른 단어가 되어 버리거나 혹은 어떤 오염에 의해서 획이 하나 지워지거나 더해짐으로 인하여 오독(誤讀)하게 될 수 있으니 이러한 점이 바로 한글의 교란감도가 높은 점이라는 것이다. 이러한 교란감도는 자소(字素)가 적을수록 높은데 한글은 한 음절의 평균 자모수(字母數)가 2.6개인데 반하여 한국에서 쓰이는 상용한자의 평균획수는 10.8획이어서 한자보다 한글의 교란감도가 훨씬 높다. 김문창, 전게서, p.78 참조.
31) 이 점은 한글에 생소한 외국인들을 대상으로 시험해 보면 확인할 수 있을 것 같다. 필자는 과거에 외국 대학에서 한국어를 전공하는 학생들을 상대로 한국어를 2년 여 동안 가르쳐 본 적이 있다. 그 때 확인 한 바에 의하면 3~4년 씩 한글을 쓰고 배운 학생들도 한국인이 흘려서 써 놓은 (한국인이면 다 알아볼 수 있을 정도로 흘려 쓴) 문장을 읽는데 글자의

서 분별하기 곤란한 점이 있기 때문에 한자는 어려운 문자라고 하는 이론은 이론을 위한 이론에 불과하다. 사실, 이 정도의 '유사성'이나 '혼동성'은 한자만의 문제가 아니라, 어느 문자에도 다 있는 문제이다. 우리 한글의 경우, '낡다'와 '낙다', '메우다'와 '매우다', '닭다'와 '닥다', '돌'과 '돓', '숫닭'과 '수탉', '…으로서'와 '…으로써', '반드시'와 '반듯이', '일찌기'와 '일찍이', '더욱이'와 '더우기', '어쨌든'과 '어째튼',……… 등 수많은 글자들도 구별이 결코 쉽지 않다. 이러한 까닭에 초등학교부터 대학까지 그렇게 국어 공부를 많이 하고서도 한글 맞춤법에 자신 있다고 하는 사람은 극히 드물다. 그리고, 영문자의 경우 스펠링(Spelling)이 비슷하여 혼동을 일으키는 경우는 너무나도 많다. 이러한 상황으로 본다면 한자에 몇 글자 유사한 글자가 있는 점을 들어 한자는 어렵다고 간주하고 선전하는 것은 매우 잘못된 태도라고 생각한다. 그것은 자칫 혹세무민(惑世誣民)하는 결과를 낳을 수 있기 때문이다.

최현배의 일곱 번째 이유는 '집'의 뜻을 가진 글자인 家, 屋, 室, 舍, 戶, 閣, 廈 등에서처럼 "한자는 한 가지 뜻에 여러 가지 글자를 구별하는 것이 많으므로 그것을 일일이 구별하기가 어렵다"는 것이다. 이 주장은 한자를 사용함으로써 얻을 수 있는 장점을 오히려 단점(短點)으로 몰아 부친 매우 잘못된 주장이다. 최현배의 말을 역으로 말하자면, 우리 한글에서는 '집' 하나로 밖에 표현하지 못하는 의미를 한자를 사용하면 家, 屋, 室, 舍, 戶, 閣, 廈 등으로 다양하면서도 각기 약간씩 다른 의미를 가질 수 있도록 정교하고, 미세하고, 풍부하게 표현할 수 있

변별도 부족으로 인하여(攪亂感度가 높음으로 인하여) 많은 어려움을 겪는 것을 보았다. 차후, 구체적인 실험과 조사를 해 보면 보다 정확한 근거자료를 얻을 수 있을 것이다.

다는 뜻이 된다. 그리고 실지로 그렇다. 草家(초가), 民家(민가)의 '家'와, 豊年屋(풍년옥), 百年屋(백년옥), 陋屋(누옥), 金屋(금옥)이라 할 때의 '屋'의 의미가 다르고, 敎室(교실), 應接室(응접실) 할 때의 '室'의 의미가 또 다르며 공부방, 건넌방, 할 때의 '房'의 의미가 다르고, 政府綜合廳舍(정부종합청사)라고 할 때의 '舍'와, 樓閣(누각), 高樓巨閣(고루거각)이라고 할 때의 '閣'의 의미가 다르며, 大廈(대하:빌딩)의 '廈'의 의미가 또한 다르다. 다 '집'의 뜻이 있으면서도 각각의 의미가 어떤 경우에는 아주 많이, 어떤 경우에는 아주 적은 듯 하면서도 꼭 필요하게 다르다. 참으로 다양한 표현을 할 수 있는 것이다. 우리말 속에 이런 한자말이 없으면 아무 차별이 없이 그저 '집'이라고만 할 수밖에 없을 것인데 한자말이 있기 때문에 우리는 이처럼 풍부한 문자생활을 누리고 있는 것이다. 더 이상 한자를 사용함으로써 얻을 수 있는 장점을 오히려 단점으로 몰아 부쳐 한자 사용을 반대하는 일이 없어야 할 것이다. 최현배는 또 '밝다'는 뜻의 한자를 33개나 예시해 놓고서 한글로는 '밝다'고만 하면 될 것을 한자의 '밝다'는 의미를 나타내는 글자가 이렇게 많으니 한자는 어렵다고 했다. 숫자로만 따져서 숫자가 적은 것이 쉬운 것이라고 하는 논리는 참으로 학문적이지 못한 논리다. '밝다'는 의미의 33개 한자 역시 위에서 본 '집'을 나타내는 한자처럼 각기 조금씩 의미가 다르다. 눈이 밝다는 의미, 사리에 밝다는 의미, 빛이 밝다는 의미… 등 '밝다'는 의미를 다양하게 그리고 그 밝은 정도의 차이까지 정교하게 표현하면서 다르게 나타내고 있는 것이다. 그러나, 한글은 그저 '밝다'일 뿐이다. 이렇게 다양하고 미세한 한자어를 우리말과 함께 쓸 수 있다는 것은 복(福)이지 결코 해(害)가 아니다. 표현을 그토록 세분화해서 할 수 있는 이러한 풍요로운 문자생활을 두고서 그저 '밝다'고만 하면 될 것을 번거롭게 미세한 표현을 할 필요가 뭐가 있느냐는 식으로 몰아 부쳐서 한자를 어렵고 귀찮은 글자로 매도하는 것은 한마디로 억지라고 밖에 할 수가 없다. 그리고 그것은 전 국민을 실용이라는 미명아래 단순·무식하게 하는 것이나 다를 바 없다.

이상에서 본 바와 같이 최현배가 제시한 7개항 중 5개항은 억지에 불과하므로 더 이상 거론할 필요가 없고, 나머지 두 개항의 이유 즉, 둘째 항의 "한자는 글자 수가 많아서 다 기억하기 어렵다"는 점과 넷째 항의 "한자는 글자의 획수가 많아서 쓰기가 쉽지 않다"는 것이 한글 전용론자는 물론 일반인들도 한자를 어렵게 보는 주된 이유라고 할 수 있다. 이러한 까닭에 최현배의 뒤를 이은 또 하나의 대표적인 한글 전용론자인 허웅도 한자폐지를 주장하는 첫 번째 이유를 "구조가 복잡하고 수효가 매우 많아 배우기 어렵고 쓰기 힘들기로 세계에서 으뜸가는 글자라는데"에 두었다.[32] 그런데, 과연 그럴까? 결코 그렇지 않다. 글자의 획수가 많아서 쓰기 어렵다는 점은 인정을 할 수 있지만 글자 수가 많아서 기억하기 어렵고 배우는 데에 시간이 많이 걸린다는 주장은 대단히 잘못된 주장이다. 그런데, 현재의 시점에서 볼 때 필획이 복잡하여 쓰기 어렵기 때문에 한자를 난해한 문자로 치부하는 것은 의미가 없다. 왜냐하면, 이미 컴퓨터가 나와서 쓰는 어려움을 말끔하게 해결해 가고 있기 때문이다. 앞으로 컴퓨터가 발달하면 할수록 오히려 일일이 풀어써야하는 한글 전용이 타자에 더 많은 시간을 요구하게 될 것이다. 예를 들어, '美人(미인)'을 '아름다운 사람'이라고 풀어써야 한다면 오히려 그게 더 많은 시간을 필요로 한다는

---

32) 조선일보, 1975.10. 8, 5면, <한글정책 30년을 말한다.>.

것이다.

이제, 한자를 난해한 문자로 보는 주요 이유 중, 획수가 많아 쓰기 어렵다는 점은 컴퓨터의 발달로 이미 해결된 문제이기는 하지만, 이 점과 아울러 글자 수가 많아서 기억하기 어렵고 배우는데 시간이 많이 걸린다는 점에 대해서 절대 그렇지 않다는 점만 증명을 하면 한자를 더 이상 난해한 문자로 취급하지 않아도 되리라고 본다. 이 점을 증명하기 위해 한글 전용론자들의 상투적인 주장 두 가지에 대해서 비판적인 점검을 해 보도록 하자.

(1) 한자가 어렵기 때문에 중국도 문자 개혁을 했다고요? 사실은 결코 그렇지 않습니다

한글 전용을 주장하는 대부분의 사람들은 한자가 너무나도 쓰기 어렵고 미개한 글자이기 때문에 한자의 본산지인 중국에서조차도 한자를 폐기하고 로마자를 이용한 한어병음자모를 만들었으며, 또 '간화자(簡化字)'를 만들어 한자를 간략화 하려고 무진 애를 쓰고 있다고 주장한다. 그들 주장의 일단을 보기로 하자.

> 魯迅은 중국과 한자 쓰기와의 관계에 대하여 "한자가 망하느냐? 중국이 망하느냐?"고 하였다. 중국의 정치가들은 나라가 글자를 위하여 있는 것이 아니오, 글자가 나라를 위하여 있는 것이매 한자의 존속을 위하여 나라가 망할 수는 없다. 한자의 묵은 얽맴을 풀어버리고서, 나라의 발전, 국민의 행복을 누리고자, 소리글자를 잡아 쓰도록 용기 있는 결단을 내린 것이다. ……33)

---

33) 최현배, 외솔 최현배 박사 고희 기념 논문집, 정음사, 1968, p.135.

이것은 한 때 모택동이 실시하려다가 실패한 로마자를 차용하여 중국어를 소리나는 대로 적어 쓰기 즉, 한어병음자모(漢語倂音字母) 전용 정책을 두고 한 말인 성싶은데 중국의 대문호인 노신(魯迅)의 말이나 과거 중국이 한 때 시도했던 문자 정책을 이처럼 아전인수(我田引水) 격으로 끌어들여 한자의 난해함을 증명하려고 한다면 그것은 독단이라고 할 수밖에 없다. 그리고, 대다수의 한글 전용론자들이 중국이 문자 개혁이라는 이름아래 제정한 간화자를 들어 "한자가 오죽이나 어려웠으면 간화자를 다 만들었겠는가?" 라는 식의 논리를 펴서 한글 전용의 타당성을 증명하는 근거로 삼으려 하지만 그것도 중국의 간화자에 대한 이해가 부족한 탓에 범하는 잘못일 뿐이다.[34]

먼저, 노신의 말에 대해 검토해 보기로 하자. 사빙심(謝氷心), 동내빈(董乃斌), 전리군(錢理群) 등 중국의 저명한 문학사 연구자 세 사람이 지은 ≪채색삽도 중국문학사(彩色揷圖 中國文學史)≫(우리말 번역본 책 이름은 ≪그림으로 읽는 중국문학 오 천년≫)는 노신의 "한자 폐지 운운…"하는 발언의 배경을 다음과 같이 묘사하고 있다.

1917년 여름 북경시 외곽의 어느 후미진 골목에 위치하고 있는 소흥회관의 마당가에 서 있던 오래된 회나무아래에서는 만청(滿淸)의 저명한 사상가요 문학가인 장태염(章太炎 1869~1936)의 제자 전현동(錢玄同)이 노신(魯迅)과 주작인(周作人) 두 형제와(魯迅의 본명은 周樹仁이다.-필자주) 차를 마시며 환담을 나누고 있었다. 때마침 장훈(張勳)의 복

---

[34] 중국의 문자 개혁을 이용하여 우리나라에서의 한자 폐지를 정당화하려는 주장은 일찍이 최현배의 ≪한글의 투쟁≫(정음사,1954, P60)이라는 글에서부터 시작되어 지금까지 계속적으로 펼쳐지고 있다. ≪한글새소식≫ 1999년, 7월호에도 예의 魯迅의 말은 인용되어있다.(통권 323호, P.20)

벽사건으로 화제가 옮겨가면서 격분한 나머지 '오랑캐로서 중화를 변화시킬' 묘법에 대해 갑론을박 하다가 급기야 "중국에 있는 책이란 책은 모조리 불살라 버려야 한다"느니 "한자를 폐지해야 한다"느니 하는 따위의 극단적인 언사까지도 마다하지 않았다.35)

이것은 1919년 5월 소위 '5.4 신문화 운동'이 일어나기 2년 전의 일이다. 당시 중국 사회의 개혁을 꿈꾸던 대부분의 신 지식인들은 중국의 전통문화에 대해서 극도의 반감을 가지고 있었다. 그러한 반감은 서구의 과학적인 힘 앞에서 맥없이 무너지는 중국의 현실을 보고서 과거의 봉건적 중국을 청산하고 하루 빨리 서구의 새로운 정치 이념과 과학적인 신문명을 받아들여 지도층의 부패를 바로잡고 백성들을 교화하지 않고서는 중국은 영원히 망할지도 모른다는 강박관념에 기인한 것이었다. 그래서 그들은 중국과 서구를 세심하게 비교해 볼 틈도 없이 대세의 흐름을 중국의 개화와 민중들에 대한 계몽으로 보고 애국 애족적 신념을 가지고 개화운동과 계몽운동에 앞장섰다. 그런데, 당시 중국 국민들의 식자율(識字率)은 대단히 낮았으며, 그나마 글을 읽을 수 있고 쓸 수 있는 사람들도 대부분 말과 글이 일치되지 않는 문어체 문장인 소위 '고문(古文)'을 사용하고 있었다. 이처럼 어문(語文)이 일치가 되지 않는 고문을 가지고 민중들을 계몽하는 데는 한계가 있었다. 이러한 까닭에, 진작부터 어문일치(語文一致)의 문장을 쓰자는 소위 '백화운동(白話運動)'의 싹이 돋아나고 있었다. 청나라 말기의 시인인 황준헌(黃遵憲:1848~통합한자코드1905)이 "입에서 나오는 대로 쓰

---

35) 氷心 외 2인 지음, 김태만 외 3인 옮김, ≪그림으로 읽는 중국 문학 오천년≫, 예담, 2000, 2, p.316.

자(我手寫我口)"는 구호아래 벌인 '시계혁명(詩界革命)'운동이라든가 양계초(梁啓超)가 중심이 되어 벌인 '신문체(新文體)' 운동 등이 바로 그것이다. 그러나, 이러한 개혁운동은 하루아침에 이루어지는 것이 아니었다. 1917년에 이르러서도 아직 중국의 민중들은 문맹과 무식에서 깨어나지 못하고 있었으며 이러한 상황은 당시 개혁과 개화, 그리고 계몽을 꿈꾸던 열혈(熱血) 신 지식인들에게는 답답한 상황으로 보일 수밖에 없었다. 그들에게는 로마자와 한자의 장단점을 차분히 비교해 볼 겨를도 없이 글자수가 많고 획수가 많은 한자가 민중의 문맹과 무식을 야기한 원흉으로 보였다.36) 이에, 그들은 답답한 마음에 그야말로 극단적인 어조로 '한자폐지 운운(云云)'하게 된 것이다. 당시 그들은 차분하게 중국의 전통과 문화의 특징과 장점을 들여다 볼 겨를이 없었다. 그들은 오로지 중국의 모든 것을 바꾸는 것만이 살길이라는 생각을 가지고 있었다. 당시 신 지식인들의 이러한 성향에 대해서 동(同)≪채색삽도 중국문학사≫는 다음과 같이 분석·설명하고 있다.

그들이 충분한 이론적 준비를 통해 통일된 사상체계와 방법론적 기초를 형성했다고 할 수는 없다. 다만, "중국이 변혁되어야 한다."는 역사적 요청을 예리하게 파악하면서 그리고 중국의 전통문화와 사회에 대해 비판·회의하는 태도에서 출발해 모든 가치 평가의 기준을 새로이 세움과 동시에 '과학'과 '민주'라는 새로운 가치를 주장하면서 하나 (5.4 운동이라는 목표)에 이르게 된 것이다.37)

---

36) 당시 중국의 문맹율이 높았던 주요 이유는 한자 때문이 아니라, 청나라 때까지의 중국사회가 신분과 계급의 차이가 심한 봉건 사회였으며, 이러한 사회 현실 속에서 중국 국민의 대다수가 아예 교육을 받을 수 있는 기회조차 가질 수 없었다는 데에 있다.

개혁기에는 열혈적이고 극단적인 발언이 있을 수 있다. 그러나, 그 발언은 아무리 권위를 가진 유명한 인사의 발언이라고 해도 그것은 개혁기라는 당시의 시대상황하에서 시대상황을 개탄한 나머지 나온 극단적인 발언이기 때문에 그 발언은 당시의 시대상황을 연구하는 데에는 전적으로 도움이 되겠지만 그 발언의 내용 자체를 학술적 의미의 '진(眞)'으로 여겨 그대로 수용하는 데에는 문제가 있다. 시대상황을 떠나 객관적 입장에서 그 발언의 내용을 검토했을 때 그 발언이 반드시 진(眞)은 아닌 경우가 허다하다. 그러므로, 위에서 살펴본 바와 같은 상황 진단을 통하여 노신의 '한자폐지 운운'하는 발언은 그가 학술적인 연구 끝에 연구의 최종 결론으로서 내놓은 주장이 아님을 안 이상, 노신의 그 말을 빌미로 "중국의 대 문호인 노신도 한자의 폐기를 주장하였다"고 하면서 노신의 권위를 빌어 우리 사회와 교육 현장에서 한자를 폐기하는 것을 정당화하려고 해서는 안 될 것이다.

  노신(魯迅), 호적(胡適), 진독수(陳獨秀) 등이 중국 전통사회에서 고문이라는 한문이 사대부 지식층들의 전유물임을 통감하고 민중들을 계몽을 위하여 쉬운 백화문 운동을 벌였고 그것이 성공함으로써 중국의 근대화를 앞당기는 데에 크게 공헌한 것은 사실이다. 따라서 노신이나 호적 등이 활동하던 시기에 그들에 의해서 추진된 문자운동이나 문학운동은 거의 대부분의 중국문학사 책들이 공통으로 기술하고 있는 바와 같이 소위 '백화문(白話文) 운동'으로 파악해야 할 것이다.

  이제, 중국의 '간화자(簡化字)'제정의 배경과 현황에 대해서 알아보기로 하자. 중국의 문자 개혁 정책의 바탕에는 앞서 제 2장에서 살펴

---

37) 上揭書, p.317.

본 바와 같이 소련의 중국 공산화 정책이 짙게 깔려 있음을 부정할 수 없다. 이점에 대해서는 일찍이 남광우(南廣祐)가 왕학문(汪學文), 성원경(成元慶) 등의 말을 빌어 잘 정리해 놓았다. 남광우의 말을 보기로 하자.

　　中共(중공)의 文字改革(문자개혁)은 실로 國際共産黨(국제공산당)과 소련의 文化侵略(문화침략) 음모로 그 主役(주역)은 당시 소련 共産黨書記長(공산당서기장)이던 스탈린에 의해서 책동된 것이라는 指摘(지적)이 있다. 中共(중공)의 毛澤東(모택동)이 중국의 共産化(공산화)를 위해 傳統文化(전통문화)의 근간이 되는 儒敎思想(유교사상)을 반대하여 批孔反儒(비공반유) 운동을 벌이고 그 一環(일환)으로 漢字(한자)를 버리고 로마字化(자화)를 궁극의 목표로 했다는 것이다.[38]

이와 같이 정치 상황으로부터 영향을 받아 중국의 문자 개혁은 모택동의 독려아래 진행되어 한 때 한자를 폐기하고 로마자 병음으로 중국의 국자를 대체하기까지 했으나 결국은 실패하고[39] 지금은 총 2235자(부수[部首] 간화자 14자와 부록에 실린 간화자로 간주되는 상용 이체자[異體字] 39자를 포함하면 총 2288자)[40]의 간화자를 사용하는 선에서 문자 개혁이 중단되어 있는 상태이다. 이러한 중국의 문자 개혁을 두

---

38) 남광우, <한국에서의 한자 문제에 관한 연구>, ≪연구 보고서≫, 국어 연구소, p.8~9.
39) 물론 아직도 중국 문자 개혁의 최후 목표를 한자 폐기와 병음 문자 채용에 두고 있는 사람도 있다. 그러나, 그러한 주장은 이미 중국 국민들의 지지를 얻지 못하고 있다. 陳煒湛, <我對漢字前途問題的一些看法>, 中國 社會科學院言語文字應用硏究所 編, ≪漢字問題學術討論會論文集≫, 1988. PP.39~49 참조.
40) 이 통계는 ≪語言文字規範手冊-제 3판≫(중국 어문 출판사, 1997년 중배본)을 근거로 한 것이다.

고 우리나라의 한글 전용론자들은 "중국도 폐기하려고 하는 한자 운운(云云)"하면서 우리나라에서의 한자 폐기를 정당화하려 하고 있지만 실상은 전혀 그렇지 않다. 중국의 문자 개혁은 학자들의 충분한 연구를 통해 진정으로 한자를 간화(簡化)시켜야 할 필요가 있다는 의견이 제시되고 그 의견에 대해서 국민적인 합의를 이끌어 낸 다음에 이루어 진 것이 결코 아니다. 물론 문자개혁을 위한 학자들의 토론회나 정책회의가 없었다는 게 아니다. 그런 회의는 무수히 많이 있었다. 그러나, 그런 회의는 별 의미를 갖지 못한다. 그런 회의에서의 토론보다는 주석인 모택동(毛澤東)의 의지와 공산당의 결정이 무엇보다도 우선하여 '당(黨)'이 한번 국가 정책으로 정하고 나면 거기에 따르는 길 외에 별다른 길을 찾을 수 없었던 것이 모택동 당시 중국의 정치 환경이었기 때문이다. 따라서, 반대의견을 가지고 있었던 많은 학자들이 제대로 의견을 펴보지도 못한 채 한자 간화 방안은 1956년 1월 28일 중국 국무원 전체회의 제 23차 회의를 통과하여 이후 중국의 국가적인 문자 정책으로 강행된 것이다. 그 문자 개혁을 주도한 세력들은 1965년에 중국 역사상 전무후무(前無後無)하다고 할 수 있는 처참한 인권 말살 정책이자, 문화 말살 정책이었던 문화 혁명을 주도했던 바로 그 공산 세력들이었다. 문화 혁명을 통하여 모택동의 문화관이 어떠한 것이었으며 공산주의자들이 주장한 문화혁명이라는 이름의 사회주의 문화운동이라는 것의 실체가 결과적으로 무엇을 의미하였는지는 외국에서는 물론 중국 내에서도 이미 확인이 끝나가고 있다. 우리가 병음화와 한자 간화를 포함한 중국의 문자 개혁 정책을 결코 긍정적으로 볼 수 없으며 또 긍정적으로 보아서도 안 되는 이유가 바로 여기에 있다. 중국의 문화를 말살하려는 정책을 펴서 수많은 지식인들을 무참히 처단하고 대학을 폐쇄하여 결과적으로 중국의 문화발전을 수십 혹은 수백 년 퇴행시켰다는 평을 받고 있는 문화 혁명을 주도한 세력들에 의해서 그 문화 혁명에 앞서 일찍이 강행된 중국의 문자 개혁정책은 결코 우리가 본받을 성질의 것이 되지 못하는 것이다.

중국의 문자 개혁은 이렇게 강행된 것이기 때문에 개혁의 초기부터 많은 반대에 부딪쳤다. 대만의 학자들은 민족의 유산을 파괴하고 민족을 오도하는 정책이라고 맹렬하게 비난하였으며 중국내의 학자들도 문자개혁의 부당성을 의식하고 있었다. 그렇지만, 모택동 집권 당시 중국내의 특수한 정치 환경 아래에서 정면으로 중국의 문자 간화 정책을 비판하는 글을 쓰기란 쉽지 않은 일이었다. 그러나, 최근에 발간되는 논문집에는 한자의 간화를 우려하거나 한자 간화의 병폐를 지적하는 글들이 적지 않게 등장하고 있다. 뿐만 아니라, 1978년부터 개혁 개방 정책을 펴기 시작한 중국 정부에서도 한자 간화의 문제점을 인식하고 학자들과 여론의 지적, 그리고 결정적으로 중국 '문자개혁위원회'(이 문자 개혁위원회는 바로 1956년 공산당의 지시아래 당초 한자 간화 정책을 심의했던 그 기관이다)의 건의를 받아들여 1986년 6월 24일 자로 지난 1977년 12월 20일에 공포한 바 있는 '제2차 한자 간화 방안'의 폐기를 선언하였다. 중국 공산당이나 문자개혁위원회나 모두가 일종의 자기 모순을 들어낸 건의였고 정책결정이었다고 할 수 있다. 중국 국무원의 제 2차 한자 간화 방안 폐기 발표문을 보도록 하자.

국무원은 국가언어문자공작위원회에서 건의한 "제2차 한자 간화 방안의 폐지와 한자사용상의 혼란을 바로잡기 위해 조치를 취해주시기 바람"이라는 건의 내용에 대해서 동의하고 그에 상응한 조치를 하달하니 착오 없이 집행하기 바랍니다.

　1977년 12월 20일에 발표했던 '제2차 한자 간화 방안'은 본 통지가 하달되는 날로부터 사용을 정지합니다. 금후, 한자의 간화에 대해서는 응당히 신중한 태도로 대처해야하며 한자의 형체는 제자리를 잡을 때까지 일정기간동안 현재의 형체를 보지 하도록 하여 사회생활에 편리하게 사용할 수 있도록 합니다. 최근 우리 사회에서 번체자(繁體字)를 남용하거나 자의적으로 간화자를 만들기도 하고 제멋대로 별체자(別體字)를 만드는 등 문자 사용상의 혼란이 야기되고 있는 바, 우려되는 점이 많습니다. 국무원은 국가언어공작위원회가 최대한으로 빠른 시일 내에 유관 분야의 회의를 소집하여 한자사용 관리방법을 연구·제정하여 사회에 만연하고 있는 한자사용 혼란 현상을 제거해 줄 것을 촉구합니다. 사람들이 간화자를 정확하게 사용하게 하기 위하여 인민일보(人民日報), 광명일보(光明日報) 및 기타 유관 신문에 ≪간화자 총표(簡化字總表)≫를 다시 한 번 발표해 주기를 부탁합니다.[41]

　우리는 위의 발표문에 나타난 몇 가지 사실에 유의할 필요가 있다. 첫째, 중국 정부가 한자 간화의 문제점을 인식하고 간화에 대해서 신

---

41)「國務院同意國家語言文字工作委員會 ≪關于廢止＜第二次漢字簡化方案(草案)＞和糾正社會用字混亂現象的請示≫, 現轉發給你們, 請貫徹執行. 1977年12月20日發表的 ≪第二次漢字簡化方案(草案)≫, 自本通知下達之日起停止使用. 今後, 對漢字的簡化應持勤愼態度, 使漢字的形體在一個時期內保持相對的穩定, 以利于社會應用. 當前社會上濫用繁體字, 亂造簡化字, 隨便寫錯別字, 這種用字混亂現象, 應引起高度重視. 國務院責成國家語言文字工作委員會盡快會同有關部門研究, 制訂各方面用字管理辦法, 逐步消除社會用字混亂的不正常現象. 爲便利人們正確使用簡化字, 請 ≪人民日報≫, ≪光明日報≫以及其他有關報刊重新發表 ≪簡化字總表≫」≪國家語言文字政策法規滙編≫, 語文出版社, 中國, 1996. p.29.

중한 태도를 취해야한다는 입장을 갖게 되었다는 점이며, 둘째는 중국 내에 번체자를 남용(濫用)하는 현상이 국가 차원에서 염려할 정도로 심각하다는 점이며, 셋째는 국민들이 자의적(恣意的)으로 간화자나 별체자(別體字)를 만들어 쓰는 현상 또한 심각하다는 점이다. 그리고 넷째는 중국정부는 사회적 요구가 이러함에도 불구하고 공식적으로는 간화자를 보급·교육하기 위해 노력하고 있다는 점이다. 이런 문제들은 중국사회가 개방을 택한 순간부터 이미 예견되었던 문제이다. 이렇게 나타나기 시작한 문제점들은 우리에게 시사하는 바가 크다고 할 수 있으니 그것은 바로 문자의 발전과 변화는 순전히 자연적인 '약정속성(約定俗成)'에 의해서 이루어지는 것이지 결코 인위적인 정책으로 강행할 수 없다는 점이다. 간화자 사용을 강력하게 추진한지 이미 50년의 세월이 흐른 이 시점에서 원래의 한자인 번체자가 되살아나고 있는 이유는 무엇인가? 그리고 중국 정부가 문자 간화는 신중한 태도로 추진해야 한다는 쪽으로 방향을 선회한 이유는 무엇인가? 그것은 애당초 잘못된 정책을 권력의 힘으로 강행했기 때문이다. 잘못된 정책인 줄 알면서도 힘에 밀려 따라가다가 사회가 개방되고 분위기가 바뀌어 이제는 조금씩이나마 말할 수 있는 환경이 되자, 문자는 그 본연의 길인 '약정속성(約定俗成)'의 길을 따라 정상을 회복하려고 하고 있는 것이다. 최근 중국에서는 간체자 사용의 폐해를 지적하는 적잖은 글들이 조심스럽게 나오고 있다. 진장태(陳章太)는 <논한자간화(論漢字簡化)>라는 논문에서 한자 간화의 '실(失)'과 '폐(弊:병폐)'에 대해 다음과 같이 논하였다.

① 어쨌든 결과적으로 한자의 숫자를 증가시키게 되어 학습자의 부담을 가

중시켰다.
② 일부 간화자는 불합리하게 간화되어 읽기와 쓰기에 오히려 불편을 주고 있다.
③ 간화자가 사실상 너무 많아서 문자 규범화라는 목적에 미치지 못했으며 어느 면에서는 한자 사용상 사회적인 혼란을 야기시켰다.[42]

이상과 같이 한자 간화의 병폐를 지적한 후 그는 앞으로의 한자 간화 문제에 대해서 다음과 같은 결론을 내렸다.

한자 간화의 문제는 비단 중국만의 문제가 아니다. 앞으로 한자 간화의 문제는 반드시 국제간의 협력을 고려해야 한다. 한자를 사용하는 국가와 지역 간에 한자 간화 규범화의 문제에 대해 의견을 교환하고 협력을 강화하여 관련 국가 간의 한자 사용을 편리하게 해야 한다.[43]

그런데, 중국의 기업체나, 사회단체, 예술단체 등이 최근 2~3년 사이에 외국으로 보내는 중문(中文) 공문서를 보면 거의 대부분이 번체자로 되어있다. 이미 중국이 한자의 종주국임에도 불구하고 간체자로 인한 한자문화권 내에서의 고립현상을 탈피하고 국제간의 한자 사용을 편리하게 하기 위해 국제간의 공문서는 번체자를 쓰고 있는 것이다. 간화만이 능사가 아님을 자각하고 있는 증거라고 볼 수 있다. 이상과 같은 진장태(陳章太)의 지적과 결론은 주로 한자의 실용적인 사용면

---

42) 陳章太, <論漢字簡化>, ≪現代漢字規範化問題≫, (中國)語文出版社, 1995, pp.76~77 참조.
43) 「漢字簡化實際上不只是中國的事, 凡使用漢字的國家和地區都存在這個問題,只是情況不完全相同罷了.爲了合理有效的簡化,規範現行漢字,必須切實加强國際合作.」 上揭書 p.79.

만을 염두에 두고서 한 지적이며 결론이지만 순수 학문적인 입장에서
의 한자 간화의 문제점을 우회적이지만 원론적인 측면에서 지적하는
글들도 점차 증가하고 있다. 북경대학의 교수인 구석규(裘錫圭)는 <종
순문자학적각도간간화자(從純文字學的角度看簡化字-순수문자학적 관점에
서 본 간화자)>라는 논문에서 강한 어조로 다음과 같은 주장을 하였다.

  우리들은 충심으로 바란다. 금후에 진행될 한자정리작업에서는 더
 이상 자형(字形)의 표의(表意)와 표음(表音)작용을 파괴하지 않기를 바
 라며, 더 이상 한자의 기본 결구 단위(간화를 위한 새로운 조형)를 증가
 시키지 않기를 바라며, 더 이상 일자다음(一字多音) 현상을 야기시키지
 않기를 바라며, 더 이상 의미를 혼란시킬 수 있는 글자들을 합성하여
 새로운 글자를 만들지 말기를 바란다.44)

여기서 주의해 보아야 할 점은 구석규(裘錫圭)가 '한자개혁작업(漢字
改革作業)'이라는 말 대신에 '한자정리작업(漢字整理作業)'이라는 표현
을 쓰고 있다는 점이다. '정리(整理)'라는 말속에는 그간의 문자 개혁
(간화)으로 인하여 중국의 문자가 어지러워졌다는 의미가 포함되어 있
으며 이제 이미 50년 간 사용해 온 간화자를 하루아침에 버릴 수는 없
게 되었으니 장기적인 안목으로 정리라도 해나가야 한다는 의미가 내
포되어 있다. 그러한 관점에서 그는 꼭 준수해야 할 몇 가지 정리의
방향을 제시한 것이다. 그런데, 그가 제시한 정리의 방향을 보면 그것

---

44)「我們衷心希望在今後的漢字整理工作中, 不要再破壞字形的表意和表音作
 用, 不要再給漢字增加基本結構單位, 不要在增加一字多音現象, 不要再把
 意義有可能混淆的字合併成一個字.」 裘錫圭, <從純文字學角度看簡化字>,
 상게서, p.101.

은 다름이 아니라, 간체자의 문제점을 학문적 측면에서 심각하게 지적함으로써 은연중에 번체자의 정당성을 강조하고 있다. 그의 첫 번째 요구 사항인 "더 이상 자형(字形)의 표의성(表意性)과 표음성(表音性)을 파괴하지 말자"는 말은 바로 상형(象形), 지사(指事), 회의(會意), 형성(形聲), 가차(假借), 전주(轉注) 등 6서(書)라는 한자의 조형 원리를 무시한 채 제작된 간체자의 문제점을 지적한 것이며, 두 번째 요구인 "더 이상 한자의 기본 결구를 증가시키지 말라"는 것은 간화자의 제작이 또 하나의 글자 수 증가라는 병폐를 야기하였음을 지적한 것이며, '더 이상 일자다음(一字多音) 현상을 촉발시키지 말라'는 요구 역시 간화라는 이름아래 하나의 글자를 여러 음(音)으로 읽어서 다용도로 쓰려는 잘못된 생각을 버리라는 지적이고, '더 이상 의미상의 혼란을 가져올 수 있는 글자를 합성하지 말라'는 요구 역시 함부로 간화자를 제정하지 말라는 지적이다. 다 간화자의 병폐를 지적하고 본래 한자의 정당성을 내세우는 주장인 것이다. 이뿐 아니라, 역사계, 서예계를 비롯한 각 학계, 문화계, 예술계에서는 학문적, 예술적 필요에 의해 번체자의 사용을 회복해야 한다는 주장이 대두되고 있다. 따라서 최근 중국 정부에서도 초·중·고 교과서에서부터 간화자 뒤에 괄호를 이용하여 괄호 안에 번체자를 써넣어 번체자와 간화자를 다 배우도록 하는 방안이 검토되고 있는 것으로 알려지고 있으며 대다수의 국민들이 그 방안을 지지하고 있는 것으로 알려지고 있다. 그것이 대세라면 중국의 문자 개혁 정책 50년을 그들의 사자성어(四字成語)를 빌어 평가한다면 '자초마번(自招麻煩-스스로 불러들인 번거로움)'이라고 밖에 할 수 없을 것이다.

이상의 논의를 통해서 볼 때, 중국의 한자 개혁은 어느 정도 정치적 목적을 띤 가운데 한자의 난해성을 자의적으로 해석·판단한 모택동과 공산세력에 의해서 강행된 것 일뿐 결코 한자의 난해성으로부터 벗어나고자 하는 중국 국민의 바램에 기인한 국민적 합의에 의해 진행된 것이 아님을 알 수 있다. 그리고 중국의 한자 간화 정책이 결코 학문적 정당성을 가지고 있는 것이 아님도 확인하였다. 따라서, 중국의 한자 간화정책을 빌어 "오죽 했으면 한자의 종주국인 중국마저도 한자를 간화하려 했겠느냐"는 논조로 한자의 난해성을 증명하려 하는 것은 무리이다. 그리고, 그러한 방식으로 증명 아닌 증명이 된 한자의 난해성을 들어 한국에서 한자를 폐지하고 한글을 전용해야 한다는 주장을 한다면 그것은 더욱 안 될 일이다.

(2) 한자는 한글 못지 않게 쉬운 문자입니다

한글전용론자들의 상투적인 주장인 "한자가 글자 수가 많아서 배우기도 어렵고 기억하기도 어렵다"는 점에 대해서 과연 그러한지를 살펴보도록 하자. 흔히 한자의 어려움을 선전하는 사람들은 한자를 영문자 알파벳이나 한글의 자음 14자와 모음 10자와 비교하여 알파벳은 26자, 한글은 24자인데 대하여 한자는 그 수를 헤아릴 수 없을 정도로 많다고 하면서 강희자전(康熙字典)을 들먹이고 중화대자전(中華大字典)을 거론하여 강희자전에는 42,174자, 중화대자전에는 44,908자가 수록되어 있으며, 심지어는 외국인 R.Lado가 지은 Language Teaching(p.145)에는 70,000에서 125,000자의 한자가 있다는 설까지 들어 한자의 글자수가 많음을 드러내 보이고 그것을 통하여 한자의 난해성을 증명하려고 한다[45]. 그러나, 이러한 방법을 통한 증명은 참으로 무의미하다. 숫자상

---

45) 이강로, ≪한글과 漢字의 만남≫, 신구문화사, 1987, p147.

의 많고 적음으로 문자의 난이도를 증명하고자 한다면 최소한 비교 대상이 되는 문자가 같은 성격의 문자이어야 하기 때문이다.

한자는 한글이나 영문자와는 그 성격이 판이하게 다른 문자이다. 한글이나 영문자는 낱낱의 문자가 단어의 음(音)을 음소(音素)의 단위까지 분석하여 표기하는 성질을 가진 음소문자(音素文字)이고 한자는 한 글자 자체가 의미를 가지고 있는 어소문자(語素文字)이다. 다시 말해서, 한글의 'ㄱ'자나 영문자의 'B'자는 단독으로 쓰일 때 아무런 의미가 없지만, 한자의 '一'이나 '日'은 한 글자가 단독으로 쓰여도 그 안에 뜻이 들어 있다. 한자와 한글 양자 사이의 관계는 단순하게 글자 수만 가지고 난이(難易)의 정도를 가늠할 수 있는 그런 관계가 아닌 것이다. 이제, 숫자 개념을 떠나 실질적인 비교를 해보도록 하자.

한자의 '배울 학(學)'자는 16획으로 되어 있는 획수가 비교적 많은 글자이다. 그런데, 한자 '學'이 가지고 있는 의미를 한글로 나타내기 위해서는 '배우다'라고 써야 되는 바, 실지로 한글도 글자 수로 보자면 'ㅂ', 'ㅐ', 'ㅇ', 'ㅜ', 'ㄷ', 'ㅏ' 등 여섯 글자를 써야 한다. '자(子)'자 같은 경우에는 한자 '子'자는 3획이지만 '子'의 의미를 한글로 나타낸 '아들'을 쓰기 위해서는 'ㅇ', 'ㅏ', 'ㄷ', 'ㅡ', 'ㄹ' 등 다섯 글자가 필요하다. 따라서, 음소(音素)로서의 기본 글자 수는 음소문자인 한글이 비교도 안될 만큼 적지만 문자의 본래 기능인 의미를 나타내기 위해서 써야하는 한 단어의 글자 수 혹은 획수는 한자와 한글 중 어느 것이 많고 어느 것이 적다고 비교해서 말할 수가 없다. 한자가 많을 경우도 있고 한글이 많을 경우도 있기 때문이다. 따라서, 한글이나 한자나 의미를 나타내기 위해 써야하는 시간과 노력상의 부담은 마찬가지라고 할 수 있다. 그런데, 우리말을 태생적으로 배운 우리의 입장에서는 한글 24자만 알면 우리말 모두를 소리나는 대로 표기는 할 수 있으므로 당연히 한글의 어려움을 모르겠지만, 만약 한글과 한자의 난이도를 객관적으로 증명하기 위해서 한자와 한글, 한국어와 중국어를 다 모르는 외국인에게 한글과 한자라는 두 문자를 이용하여 언어와 문자 교육을 동시에 시킨다고 가정해 보자. 그 외국인의 입장에서도 한국어와 한글은 그렇게 쉬운 말이고 문자이며 중국어나 한자는 그렇게 어려운 말이고 문자일까? 외국인의 입장에서는 그들의 머릿속에 들어 있는 'Son'이라는 의미를 한글이나 한자로 알기 위해 '아들'이라는 단어의 다섯 글자 (ㅇ, ㅏ, ㄷ, ㅡ, ㄹ)를 조합시켜 외우는 것이나, '子'자 세 획을 외우는 것이나, 그 난이도가 마찬가지이고, '배우다'라는 단어(의미)와 글자 여섯 개 (ㅂ, ㅐ, ㅇ, ㅜ, ㄷ, ㅏ)를 연결·조합시켜 외우는 것이나, 열 여섯 획의 '學'을 쓰고 외우는 것이나 어렵기는 마찬가지 일 것이다. 오히려 '배우다'를 원형으로 하여 시제(時制) 변화나 형(型) 변화를 한 '배움', '배웠다', '배운다', '배울 것이다',…… 까지 외워야 하는 한글이 한자보다 훨씬 더 어렵고 번거로울 수도 있다.46) 왜냐하면, 한자는 형(型) 변화나 시제 변화를 하지 않는 문자이므로 동사든 명사든, 과거든 현재든 미래든 관계없이 '學'이라는 글자 하나만 알고 있으면

---

46) 이 점은 형용사나 부사의 경우에는 더욱 그러하다. 예를 들어 '노랗다'라는 말의 경우, 노랗다, 누렇다, 샛노랗다, 싯노랗다를 비롯하여 노르스름하다, 노리끼리하다 라는 말까지, 노랑의 정도를 표현하는 말이 다양하다. 우리 한국인의 입장에서야 태생적으로 그 말의 의미와 정도를 알고서 그것이 다 '노랗다'라는 원형으로부터 파생된 것으로 알고 있지만 외국인의 경우에는 그것들을 모두 각각의 단어로 외워야 한다. 설령, 나중에 그것이 '노랗다'의 변형임을 알게 된다고 하더라고 여전히 철자법이나 의미 각각을 다 외우고 있어야 한다. 외국인의 입장에서 볼 때 한글도 결코 쉬운 글이 아니다. 이 점은 필자가 외국의 대학에서 한국어를 전공하는 학생들에게 2년 여 동안 한글을 가르쳐 보면서 직접 체험한 것이기도 하다.

되기 때문이다. 뿐만 아니라, 한자는 50,000 자가 넘는 방대한 양의 글자 수 때문에 평생을 배워도 못 다 배운다고 선전하지만, 사실 일상생활에서 실지로 쓰이는 글자 수는 2,000자 정도이고47), 만약 4~5,000자를 안다면 그것은 이미 전문가 수준이다. 혹자는 설령 2,000 혹은 4~5,000자라고 해도 한글 24자에 비하면 엄청나게 많은 숫자라고 말할지도 모른다. 그렇다면, 한자(漢字) 한 글자는 단순히 한 글자인 것이 아니라, 한 글자가 곧 한 의미를 갖는 한 단어인 어소(語素)문자라는 사실을 다시 한번 상기시킬 필요가 있다. 한자는 2,000여 자의 글자를 알면 그 2,000자의 조합을 통하여 실지 생활에서 사용하는 수십만의 단어 가운데 대부분의 단어를 저절로 알게 된다. 그러나 한글이나 영문자는 생활에 필요한 수십만의 단어를 일일이 다 외워야 한다. 2,000여 개의 글자를 배워서 수만 혹은 수십만의 단어를 조합해서 사용하면 그 단어를 처음 보는 사람이라고 할지라도 능히 알아 볼 수 있는 한자가 배우기 쉽고 기억하기 쉬운 문자인가? 아니면 수 만, 혹은 수 십만 단어를 일일이 외워야 하는 영문자나 한글이 더 어려운 문자인가? 예를 들어보기로 하자. 한자어에서는 '학교(學校)', '학습(學習)' '은사(恩師)', '졸업(卒業)', '관찰(觀察)', …… 등 얼마든지 많은 단어들도 2,000자 정도의 글자 범위 내에서 거의 다 만들 수 있고 그렇게 만들어진 단어는 그 단어를 처음 보는 외국인이라 할지라도 글자만 알면 그냥 그 뜻을 알 수 있다. 그러나, 한글을 배우는 외국인의 입장에서는 그 단어들을 하나 하나씩 그들의 언어인 'School', 'Learn', 'Respected teacher', 'Graduate', 'Observation' 등과 대응시켜서 모두 다 외워야 한

---

47) 중국에서 문맹을 판정하는 기준을 1,500~2,000 글자로 삼고 있다. 1,500~2,000자를 알면 일상생활에 전혀 지장이 없기 때문이다.

다. 우리가 영어를 배울 때도 마찬가지이다. 'School', 'Learn', … 등을 일일이 다 철자법을 외우고 그 발음 기호까지 외워야 한다. 이런 식으로 수 만, 수 십만 단어를 다 외워야 하는 영어나 한글이 더 어려운가? 아니면 2,000자 정도의 글자(글자이자 단어)만 알면 일상의 모든 문장은 다 해독할 수 있는 한자가 더 어려운 글인가? 한자는 결코 어려운 글자가 아닌 것이다. 그럼에도 불구하고 일찍이 최현배는 다음과 같이 한글의 해독을 지적하였다.

    교육의 수단인 글자는 지식을 담아 전달하는 그릇으로서의 구실을 잘 하면 고만이다. 수단은 그 목적을 달성하기에 시중하는 구실이 있을 뿐이다. 만약, 교육이 그 수단을 장만하기에 정력과 시간을 허비하고, 그 목적을 수행하는 여력이 없다면, 이는 본말을 전도한 과오가 아닐 수 없다. 사실로, 이조 오백 년 간의 서당 교육은 한문 학습에 온 힘을 다 쏟고 말았기 때문에, 교육의 실질적 효과는 거의 공(빈탕)에 가까웠었다. 그 결과로, 인재는 고갈하고, 국사는 침체하여, 드디어 나라가 망하고 말았던 것이다.[48)]

    지극히 산술적(算術的)인 숫자 놀음이다. 이처럼 저급한 숫자 놀음을 한글 전용을 주장하는 주요 이유로 제시하여 그것을 토대로 이 나라 문자 정책 수립의 주역을 담당하였다니 참으로 어처구니없는 일이다. 한자는 한 글자가 곧 한 단어라는 사실을 안다면 그 사실을 인정하고서 한글과 한자의 난이도를 학문적 입장에서 객관적으로 보아야 한다. 한자가 그처럼 어려운 문자였고 조선시대 교육이 "빈탕" 교육이었다

---

48) 최현배, ≪한글만 쓰기의 주장≫, 정음사, 1970, p.4.

면 세계적인 사상가인 율곡(栗谷)과 퇴계(退溪)는 어떻게 나왔을까? 그리고 글자는 진정으로 "지식을 담는 그릇으로서의 구실만 잘 하면 고만"일까? 설령 그렇다고 치더라도 과연 한글만으로 우리의 지식을 담아내는 그릇 역할을 다하게 할 수 있을까? 비교의 기준을 바르게 제시하지 못하고 단지 숫자만을 앞세워서 영문(英文)은 26자 밖에 안 되는 소리글자로 쓴 글이라서 쉬운 글이고, 한문은 수만 자가 넘는 뜻글자로 쓴 글이라서 어려운 글이라는 주장을 다시 한다면 그것은 전혀 학문적 객관성을 상실한 주장이 되고 말 것이다.

혹자는 중국의 문맹율이 비교적 높다는 점을 들어 그 원인 또한 한자에 있다고 강변하기도 한다. 그렇다면, 소리글자를, 그것도 세계 공통어 격인 영문자를 사용함으로써 소리글자사용의 종주국이라고 할 수 있는 미국의 문맹율은 왜 그렇게 높은가?49) 정치 경제 사회 각 방면에서 세계 최강의 나라이면서 세계 공통어를 자칭하는 우수한 소리글자인 영어를 쓰는 미국의 문맹율이 왜 그렇게 높으냐 말이다. 따라서, 중국의 비교적 높은 문맹율은 결코 한자의 탓이 아니며 위에서 본 바와 같이 한자는 결코 어려운 문자가 아니다. 그리고, 오랫동안 한자를 우리의 문자처럼 가까이 써온 우리로서는 더욱이 한자는 어려운 문자가 아니다. 오히려, 소리글자인 한글의 단점을 보완할 수 있는 매우 유리한 문자이다. 따라서, 이미 완전하게 우리말화(化) 해서 굳이

---

49) 1976년 中美(멕시코 포함)지역의 문맹율은 37%였으며 1986년 5월 5일자 미국의 <Time>지에 의하면 미국 성인의 20%가 취직 신청서나 수표를 쓸 줄 모르거나, 버스 시간표의 내용을 읽을 수 없는 등 읽기와 쓰기 능력을 가지고 있지 않다고 한다. 한편, 중국의 문맹율은 1982년 제3차 인구조사 당시 문맹과 반문맹(半文盲)을 합친 비율이 전체 인구의 23%라고 하였다.(≪中國語文≫ 1986 제5기에 실린 李榮의 글 <漢字的演變與漢字的將來>참조)

한자로 쓰지 않아도 되는 것들은 한자로 쓰지 않아도 되고, 그 외의 한자말도 무리 없이 할 수만 있다면 쉬운 우리말로 풀어 써서 우리말을 살리는 방향을 취하되, 한자를 써야 사용하기에 보다 편리한 한자어는 굳이 제한할 필요가 없는 것이다. 다시 말해서, 우리의 언어·문자의 현실을 외면한 채 인위적으로 한글 전용을 강행하여 국민을 애써 무식하게 만들 필요는 없다는 뜻이다.

사실, 해방 이후 그리고 6, 70년대에 한글 전용을 주장하는 사람들이 무리하게 한자를 어려운 문자로, 한문을 어려운 글로 규정하여 한자 폐지를 강하게 주장한 이유 중의 하나는 당시의 사회, 특히 유식함을 현시(顯示)하고자 하는 일부 지식층 사회에 어려운 한자 단어나 한문식 조어(造語)가 필요 이상으로 만연되어 있었기 때문이다. 당시에는 '가랑비'나 '버들잎'이라고 하면 될 것을 '세우(細雨)', '유엽(柳葉)'이라고 하는 경우가 많았고, '녹음방초, 성하지절(綠陰芳草, 盛夏之節)'이니 '소만왕림(萬掃枉臨)'이니 '존당지만복(尊堂之萬福)'이니 하는 등의 한문식 표현이 일상의 언어 생활에 만연되어 있었던 것이 사실이다. 그처럼 지나친 한자 사용은 분명히 자제되고 시정되어야 한다. 그러나, 지금은 거의 아무도 그러한 표현을 하고 있지 않다. 한글로 풀어 써야 알아보기 쉽고 보다 정겹게 느껴지는 단어나 한문식 표현은 이미 거의 한글로 바꾸어 사용하고 있다. 그럼에도 불구하고 우리사회에는 아직도 한자를 써야할 이유가 상존해 있다. 한글 세대를 자처하는 젊은이들 스스로가 "우리도 한자 좀 알았으면…"하고 바라는 부분이 있고, 그들에게 한자를 써서 가르쳐 주어야 할 부분이 분명히 상존하고 있는 것이다. 예를 들자면, 동네이름인 '봉천동'을 '봉천동'으로만 알고 있는 사람과 '奉天洞'으로도 알고 있는 사람의 생각(사물에 대한 인식의 깊이뿐만 아니라, 애향심의 유발에 이르기까지)사이에는 엄청난 차이가 있다. 봉천동을 "奉天洞(하늘을 받들어 모시는 동네)"으로 알고자하고 또 그렇게 알려주고자 할 때의 '奉'이나 '天'이라는 한자는 결코 어려운 글자가 아니다. 오히려 봉천동에 대해서 제대로 알려주는 과정에서 반드시, 그리고 자연스럽게 나와야 할 문자이다. 또 다른 예를 보자면, '영남지방(嶺南地方)'이라는 말을 설명함에 있어서 '경상도 지역을 영남지방이라고 한다'고 하는 것보다는 "嶺南地方의 '嶺南'은 '재 령(嶺)'자, '남쪽 남(南)'자를 쓰는데 이는 곧 '고개 남쪽' 지방이라는 뜻이다. 옛날 서울로 가는 관문 역할을 했던 고개가 바로 문경의 조령(鳥嶺)인데 그 조령을 기준으로 그 남쪽지방을 일컬어 嶺南地方이라고 한다."는 식의 설명이 제대로 된 설명이다. 호남(湖南)지방이나 호서(湖西)지방이라는 말의 경우도 마찬가지다. 이처럼 우리의 언어 문자 생활 속에는 여전히 한자를 썼을 때 유리한 경우가 그 수를 다 헤아릴 수 없을 정도로 많이 있다. 이처럼 필요한 경우에 한자를 사용하면 유리하고 편리하며 의미 깊게 영위할 수 있는 복된 문자생활을 굳이 한글전용이라는 정책을 강행하여 제한할 필요가 없는 것이다.

 이제 컴퓨터라는 기계에 의해서 한자에 내재해 있던 쓰는 어려움이 사라졌고, 불필요하게 만연되어 있던 어려운 한자어가 현실 사회에서 사라졌다면(아직도 이런 불필요한 어려운 한자어가 남아 있는 부분이 있다면 그것은 지속적으로 고쳐 나가야 한다. 예를 들어 법률용어, 일본식 건축용어 등) 우리에게 있어서 한자는 더욱 어려운 문자가 아니다. 따라서, 이유 아닌 이유를 들어 한자를 어려운 글자로 몰아 부침으로써 한자를 폐지해야한다고 주장하는 것은 이제 설득력을 가질 수 없다.

3) "한글을 전용해야 우수한 우리 문학이 창작된다"고 하는데 그게 어디 될 말입니까?

한글 전용을 주장하는 사람들은,

예로부터 전해오는 문학작품 중에서 한자나 한자어가 적고 고유어의 비율이 높을수록 그 작품이 우수하다는 것은 이미 널리 알려진 사실이다.[50]

고 주장한다. 그렇게 주장하면서 그 우수한 작품의 예로 고려속요(高麗俗謠) 중의 청산별곡(靑山別曲), 서경별곡(西京別曲), 사모곡(思母曲), 가시리 등을 들고 고대소설로서 구운몽, 심청전, 장끼전, 춘향전 등 여러 작품과, 한중록(恨中錄) 같은 일기나 가사(歌辭), 시조(時調) 등을 제시한다. 충분히 인정할 만한 주장이다. 그러나, 한 작품의 작품성을 평가하는 기준이 무엇이냐에 따라 그 우수성은 달라질 수 있다. 앞서 열거한 이들 작품은 '한글문학'이라는 점에서 그 문학성이 뛰어난다. 그리고 우리의 자랑스러운 대표적 문학 작품임에 틀림없다. 그러나, 이들 작품을 정지상(鄭知常)의 한시(漢詩)나 이규보(李奎報)의 한문문학, 이순신 장군의 난중일기, 그리고 '청산리 벽계수(靑山裏 碧溪水)', '일도창해(一到滄海)', '명월만공산(明月滿空山)' 등 한문식 구절이 반 이상 차지하는 황진이의 시조와 비교했을 때 반드시 고유어를 쓴 문학작품이 월등하게 우수하다고 할 수는 없을 것이다. 그러한 까닭에, 한글 전용론자들의 주장은 처음부터 설득력이 없다. 차라리 현실적으로 한자사용이

---

50) 허웅, 한글과 민족문화, 1974. 김문창, ≪국어 문자 표기론≫, p.28에서 재인.

불가피함을 인정하고, 그러나 앞으로는 한문식 문학작품보다는 우리 한글을 갈고 닦아 한글로 훌륭한 문학 작품을 창작하도록 하자고 주장하는 편이 나을 것이다.

문학예술의 창작에 종사하는 사람들은 가능한 한 아름다운 우리 한글을 사용하여 한글을 빛내야 한다. 여기에 대해서 반대하는 사람은 아무도 없을 것이다. 그러나, 현실적인 국민의 문자생활의 필요를 무시한 채, 아름다운 한글 문학 작품을 창작하기 위해 한글을 전용해야 한다고 주장해서는 안될 것이다. 게다가 현 시점에서 보았을 때 우리나라에서의 문학 작품 창작은 이미 거의 한자가 사용되지 않고 있는 실정이다. 특히 아름다운 시어(詩語)를 생명으로 하는 시(詩) 문학에서는 더욱 그러하다. 이러한 까닭에 김문창도.

결론적으로 문학에서는 실상 한자시대가 종결을 이룬 것으로 보인다.[51]

고 한 것이다. 한글을 갈고 닦아 훌륭한 한글 문학 작품을 창작하는 것과 실지의 어문생활에서 한자를 사용하고 안하고의 문제는 별개의 문제이다. 한글을 갈고 닦아 우수한 한글 문학을 창작하는 일은 그 일대로 하고, 한자를 사용하는 것이 일상의 언어생활을 편리하고 풍요롭게 하는 부분이 있다면 우수한 한글문학작품의 창작과는 별도로 한자를 사용함이 옳은 것이다.

뿐만 아니라, 우수한 한글문학을 창작함과 아울러 한자와 한글을 동시에 사용하여 특유의 문학미를 표현할 수 있는 여지가 있다면 그 자체를 우리만의 독특한 문학 장르로 개발 할 필요도 있다. 이러한 장

---

51) 김문창, 전게서, p.31

르는 일본과 한국을 제외한 세계 어느 나라도 꿈 꿀 수 없는 그야말로 독특한 장르가 될 수 있을 것이다. 일찍이 김일로(金一路) 시인이 그러한 창작을 시도한 적이 있다고 생각한다. 김일로의 작품을 한 편 보기로 하자.

저
몸가짐
이 숨소리
돌 한 개
풀 한 포기면
좋을 것을

一石一艸人不及52)

한글을 이용하여 시를 지은 후, 그것을 7언의 한시(漢詩) 구로 축약해 놓았다. 한글 시나 그것을 한시 형식으로 옮긴 것이나 결국 내용은 같은데 가슴에 닿는 느낌은 사뭇 다르다. 한글 시를 통해서 김일로는 '사람이 마치 돌 한 개, 풀 한 포기처럼 자연스럽고 욕심 없는 몸가짐과 고요한 생명력을 닮을 수 있었으면 얼마나 좋을까' 하는 마음을 풀어 쓰고 있다. 빼어난 한글 시임에 틀림이 없다. 그러한 다음에 그는 다시 그 내용을 한자를 이용하여 "一石一艸人不及(일석일초인불급)"이라고 옮겨 놓았다. "사람? 돌 한 개 풀 한 포기에도 미치지 못하는 존재인 것을!"이라는 뜻이다. 가히 귀신같은 솜씨라고 할 만 하다. 한글

---

52) 김일로 시집 ≪頌山河≫, 신일정판사 인쇄, 1982, p.19

과 한자라는 두 문자를 이용하여 표현해 냄으로써 시인 김일로는 독자로 하여금 그의 정신적 경지를 보다 가까이에서 느낄 수 있게 하였다. 한문의 맛을 앎으로 인하여 김일로의 이 시를 보다 깊이, 보다 맛있게 읽을 수 있다는 것은 실로 큰 복이 아닐 수 없다. 그리고 이러한 독특한 시 형식은 우리만이 구사 할 수 있는 특별한 장르로 개발할 가치가 충분히 있다. 화가가 자기만의 독특한 예술세계를 구현하기 위해 어느 나라 어느 그림이라도 다 참고하고, 어느 나라 어느 시대 어느 작가의 기법이라도 다 수용하려고 노력하며, 무용가가 자기만의 예술세계를 구축하기 위해 어느 시대 어느 지역의 춤이라도 다 수용하여 안무를 하고, 어느 나라 음악이라도 다 받아들여 무용에 필요한 음악으로 사용하듯이 우리의 문학도 우수한 한글 문학의 창작은 그것대로 해가면서 앞서 김일로의 시를 통해서 본 바와 같은 한글과 한문을 동시에 이용한 독특한 장르도 개발하여 우리 것으로 토착화시킬 필요가 있을 것이다. 그것은 세계를 놀라게 할 또 하나의 위대한 창작이 될 수도 있기 때문이다. 따라서, 우수한 우리 문학 예술을 창작하기 위해서 한글 전용을 해야 한다는 주장은 너무나도 폐쇄적이고 소극적인 주장이다.

4) 한글만 기계화가 유리한 게 아닙니다

한글만이 기계화가 유리하다는 주장은 6, 70년대에는 설득력이 있었을지 모르나 지금에 이르러서는 전혀 설득력을 갖지 못하는 주장이다. 6, 70년대에 사용되던 타자기를 두고 말하자면 한글만이 기계화가 용이하다고 하는 주장이 가능하다. 그러나 이미 3, 40여 년의 세월이 지난 지금의 입장에서 보면 한자의 기계화는 컴퓨터의 기능 확대로 인하여 성공적으로 수행되었고 앞으로 수 년 내에 지금보다 더 빠르고 더 편리한 한자 프로그램이 개발되리라고 전망하고 있다. 이에 대해 삼보 컴퓨터 이용태 회장은 다음과 같이 말하였다.

지금 한국에서는 한글 전용이 일반화되어 있으므로 컴퓨터 입력에 있어서 한자 입력은 어둔하고 귀찮은 일이 되어 있다. 그러나, 한자병용이 일반화되면 사회적 수요에 따라 소프트웨어의 개발에 박차를 가하게 되어 이 문제는 획기적으로 개선될 수가 있다. 컴퓨터의 성능은 지금까지의 예로 보면 3년이면 4배씩 향상되고 처리능력에 대한 가격은 3년이면 4분의 1씩 떨어진다. 이러한 이유 때문에 앞으로 컴퓨터는 강력한 능력을 가진 소프트웨어들이 일상생활에 보편적으로 쓰일 수 있게 된다. 따라서 한글로 문장 전체를 다 친 다음에 한자 변환 키 하나만 누르면 인공지능에 의해 필요한 단어를 한자로 변환시키는 등 다양한 방식의 소프트웨어가 개발될 수 있을 것이다. …… 따라서 기계화 때문에 한글 전용을 하자는 이론은 몇 년 내에 진부한 것이 될 것이다. 지금 중국에서는 한자의 입력 속도가 우리 한글의 입력 속도보다 낮지 않음도 주목할 만한 일로 지적하고 싶다.[53]

---

53) 이용태, <한자의 컴퓨터화 문제 없다>, 월간《한글＋한자문화》1999. 9. 제

사실, 컴퓨터의 발달은 예측할 수 없을 만큼 빠르게 진행되고 있다. 지금 이 시대를 살면서 앞으로 컴퓨터가 한자 정보 처리 문제를 보다 획기적으로 해결할 수 있을 것이라는 예측에 대해 부정적인 견해를 가지는 사람은 거의 없을 것이다. 이미 윈도우 2000 DOC.프로그램에서는 중국이나 대만 현지의 자판 타법(打法)만 익히면 지금과 같은 방식의 한자 변환 과정을 거치지 않고 한글을 치듯이 직접 간화 한자든 번체 한자든 마음대로 칠 수 있게 되어 있다. 게다가 이제는 ≪국제통합한자코드세트≫까지 완성되었으니[54] 한자의 정보 처리를 위한 소프트웨어 개발은 시간문제이다. 따라서, 아직도 기계화를 핑계로 한글 전용을 주장한다면 그것은 시대 착오적인 주장이 될 수밖에 없을 것이다.

2호.

[54] "1990년 2월 工業振興廳 주최로 타워호텔에서 개최되었던 '한자코드 국제표준화 서울 특별회의'는 국제적으로 얽혀있는 여러 가지 복잡한 문제점들을 해결하기 위해 개최되었던 회의로서 이 회의의 결과로서 탄생한 것이 CJK-JRG(china. japan, korea-Joint Research Group)였다. CJK-JRG는 그 후, 수차에 걸친 會合과 實務作業으로 마침내 1991년 中國, 臺灣, 日本, 韓國의 국가표준한자코드를 하나로 통합한「國際統合漢字코드세트」를 완성하게 된 것이다." 이춘택 편저, ≪국제통합한자코드 한국대표음·표준 자형집≫서문, 공주대학교 출판부, 1998, p.2.

5) "한글은 가장 발달된 단계의 소리글자이기 때문에 한글을 전용해야한다"고 하는데 그렇다면, 텔레비젼이 나온 후에는 라디오는 다 부숴 없애야 하는 겁니까?

"세계의 문자 발달사상 표음문자가 가장 발전된 단계의 것인데 우리 한글이 여기에 속하니 당연히 우리는 우리 한글만을 사용해야 한다."55)는 것이 한글 전용을 주장하는 사람들의 주장이다. 물론 우리는 문자가 결승문자(結繩文字) > 도화문자(圖畫文字) > 상형문자(象形文字) > 표의문자(表意文字) > 음절문자(音節文字) > 표음문자(表音文字) 등의 순서로 발전해 왔다는 일반적인 견해를 긍정적으로 받아들인다. 그렇다고 해서 가장 발달된 표음문자이기 때문에 표음문자에는 단점이 없고 장점만 있으며 표음문자 전 단계의 문자인 표의문자에는 단점만 있고 장점은 없다는 주장은 할 수 없을 것이다. 표음문자는 비록 가장 발전된 단계의 문자이기는 하지만 그 내부에 나름대로 단점을 가지고 있으며 표의문자는 표의문자대로 많은 장점을 가지고 있다. 따라서 세계에서 가장 우수한 표음문자를 가지고 있으면서도 또 한편으로는 한자라는 우수한 표의문자를 아울러 쓸 수 있는 우리 민족은 참으로 복 받은 민족이라고 할 수 있다. 그러므로 우리는 우리가 받고 있는 그 "복"을 최대한으로 활용하여 우리의 문자 생활을 더욱 풍부하게 해야 할 것이다. 이렇게 되면 우리민족이야말로 세계에서 가장 풍부하고 편리한 문자생활을 누리는 민족이 될 수 있을 것이다. 이러한 까닭에 세계적인 비디오 아티스트인 백남준도 대부분의 시간을 소리글자를 사용하는 구미지역에서 보내면서도 우리나라의 문자정책에

---

55) 최현배, ≪한글만 쓰기의 주장≫, 정음사, 1970, pp.14~16 참조.

대해서는 국한문 혼용론을 적극 지지하고 있는 것이다. 백남준과 잘 알려진 철학자 김용옥이 나눈 대화의 일단을 보도록 하자.

백남준 : 내가 조국을 위해서 할 수 있는 마지막 사업이 있다면 우리 민족의 언어생활에 있어서 한자가 사라지지 않도록 무슨 운동을 벌리는 것입니다. 순 한글로만 언어생활을 한다는 것은 우리민족의 문화수준을 저질화시키는 것입니다. 엊그제 조선일보에서 와서 존 케이지 추모 글을 써달라고 졸라서 글을 써주면서 거기에 새카맣게 한자가 있었는데 이 한자를 없애면 재판하겠다고 까지 하면서 주었는데도 한자를 싹 없애버렸더군요. 참 무지막지한 놈들이에요. 뭐든지 지들 기준에 다 짤라 맞추는 놈들! 내 글 하나 좀 한자가 많이 섞였다고 안될 게 도대체 뭐가 있어요?

김용옥 : 그건 선생님의 한국어가 1949년으로 스톱했기 때문입니다. 요즈음 젊은 아이들한테는 한자가 많을수록 오히려 가독율이 떨어집니다. 선생님 개인의 수준을 가지고 모든 사람들 기준으로 삼는 것이야말로 플룩수스 정신에 위배되는 것 아닙니까?

백남준 : 아냐! 아냐! 나 때문에 그런거 아니구, 우리 민족의 사고력이 정확해지고 엄밀해져야 한다는 생각 때문이지. 실상 김선생 같은 사람은 한글로 글을 쓰지만 머리속 사고의 비쥬얼라이제이션은 다 한자로 되어 있는거거덩. 그런데 당신 기준으로 그걸 다 순 한글로 만들어 버리면 당신처럼 한문을 모르는 애들은 완전히 병신이 되어버린단 말야. 우선 의미의 정확성이 없어지거덩. 도대체 하나의 실러블에 그렇게도 많은 의미가 겹치는데 어떻게 그것을 사운드로만 다 해결한다는 게야. 교육이란 게 도대체 뭔가? 좋은 것을 더 발현시키고 나쁜 것을 감소시키는 것인데, 왜 이미 가지고 있는 좋은 것을 감소시키냐 그말야. 일본 사람들 보라구. 절대 한자를 안 없애잖아. 언어생활의 원칙은 다양해야돼. 표음문자와 표의문자가 섞인

다는 것이 얼마나 재미있어? 세계적으로 없는 판타지같은 건데, 왜 그걸 도대체 없애버리겠다는거야!

김용옥 : 영어도 상형문자가 아닌데도 표음문자로서만 훌륭한 언어생활을 영위합니다. 영어처럼 우리만도 약속만 잘 지켜지면 되지 않겠어요?

백남준 : 그건 얘기가 안 돼지. 영어는 애초부터 표음문자였으니깐 거기에 맞추어 음성규칙이 개발된 것이고, 또 제아무리 영어가 좋다구해도, 그러니깐 영어로만 생활하는 사람들의 사고력이 단세포적이고 천박한 거 아냐?

김용옥 : 한문으로 쓴다는 것은 매우 어렵고 시간이 많이 걸립니다. 단순한 음성적 약속으로 해결된다면 그걸루 족할 수도 있겠지요.

백남준 : 아니, 컴퓨타가 있잖아! 옛날엔 한자 타이프 못 만들어서 능률이 떨어졌지만 지금은 컴퓨터가 그걸 해결해 버렸잖아? 한자는 쓰는데는 어렵지만 보는데는 하나도 어렵지 않아. 이제 볼 수만 있으면 쓸 필요는 없거덩. 컴퓨터 키보드가 쳐주니깐 말야. 그리고 앞으로 동아시아 문명권이 점점 하나로 되어 가는 데 이 한자라는 동질성이 있다는 게 우리 인류의 희망이야. 우리는 이 가능성에서 낙후되면 안 된다구. 한문이 얼마나 심오하고 얼마나 의미가 무궁무진한데 그 예술의 가능성을 왜 우리민족이 포기해야 하는가? 참 딱하기두 허지. 우선 김선생 같은 사람부터 한자를 열심히 쓰세요.

김용옥 : 네, 명심하겠습니다56)

---

56) 金容沃, ≪石濤畵論≫, 통나무, 1992. p197부터 부록형식으로 붙어있는 <도올이 백남준을 만난 이야기(遇白南準說章第無)> 부분의 pp.235~236.

한자는 표의문자라고 해서 결코 미개한 문자가 아니다. 한자이외에 상형문자에 뿌리를 둔 문자가 거의 다 도태되었지만 한자가 오늘날까지 남아서 세계에서 사용 인구가 가장 많은 문자가 된 데에는 형성자(形聲字)와 회의자(會意字)의 개발, 전주법(轉注法)과 가차법(假借法)의 운용 등 나름대로의 이유가 있고 표음문자 못지 않은 우수성이 있었기 때문이다. 세계에서 가장 우수한 표음문자인 한글과 세계에서 유래를 찾아 볼 수 없는 발달된 표의문자이자 사용인구가 가장 많은 문자인 한자를 적절하게 혼용한다면 우리는 세계 최고의 문자생활을 하게 될 것이고 그렇게 된다면 우리는 그러한 문자 생활을 바탕으로 세계 최고의 문화를 창출해 낼 수 있을 것이다.

텔레비전이 비록 라디오보다 발달된 대중 매체이기는 하지만 텔레비전이 보다 발달된 매체라고 해서 굳이 라디오를 다 깨부수어 버릴 필요는 없다. 이와 마찬가지로 표음문자가 표의문자보다 발달된 문자라고 해서 편리하게 사용할 수 있는 한자를 일부러 모두 폐기할 필요는 없는 것이다.

문자는 우리의 생활을 편리하고 풍요롭게 하는 도구이다. 그리고, 한자는 낯선 도구도 아니다. 이미 2000년 이상 써왔기 때문에 이미 우리 문자화한 문자이다. 그러므로, 한글은 가장 발달된 단계의 표음문자이기 때문에 한자를 폐기하고 한글만을 전용해야한다는 주장은 설득력이 없다.

6) 세계적으로 알려진 한글의 우수성은 인정하지만 그렇다고 해서 편리하게 쓰고 있는 한자를 일부러 폐기할 필요는 없지 않습니까?

우리 국민 가운데 한글이 세계적으로 우수한 문자이고 그러한 우수성을 세계가 인정했다는 점을 부정하거나 그것을 기분 나쁜 일로 여기는 사람은 아무도 없을 것이다. 한글의 우수성에 대해서는 다시 논할 필요가 없다. 그러나, 한글이 아무리 우수한 문자라고 하더라도 우리의 현실적인 문자생활에서 한글만으로는 해결되지 않는 부분이 있다면 당연히 보조 수단을 써야한다. 실지로 우리의 문자생활을 통해서 볼 때 한글만으로는 해결이 되지 않는 부분이 너무나 많이 있다. 그 대표적인 것이 바로 어휘의 70% 정도[57]를 차지하는 한자어에 대한 깊이 있는 의미 파악의 문제와 무수히 많은 동음이의어 문제이다.[58] 이러한 문제들은 우리가 과거에 오랜 세월 동안 한자를 써왔기 때문에 어쩔 수 없이 생긴 문제들이다. 따라서 이왕에 써 오던 한자라는 보조 수단만 사용하면 얼마든지 쉽게 극복할 수 있는 문제를 한글이 우수하다는 이유로 우리가 편리하게 써오던 보조문자인 한자를 일부

---

[57] 이응백의 조사에 의한 것이다. 이응백, ,《자료를 통해본 한자·한자어의 실태와 그 교육》, 아세아 문화사, 1988, p.p 699~704.참조

[58] 그런데, 한글 전용론자들은 이처럼 많은 동음이의(同音異意)의 어휘뿐만 아니라, 우리말에서의 한자어휘가 차지하는 비율 자체에 대해서 의혹을 제기한다. 그들의 주장을 풀어 써 보자면, "'수다한 한자말은 진정한 우리말이 아니요, 다만 순 한문만으로 문자 생활을 해오던 과거 수 백 년 동안에 어느 한문책에 나타났던 것"(최현배, 한글만 쓰기의 주장, p.103)을 국어 사전에 다 실어 놓았기 때문에 사전 상에는 한자말이 많이 수록되어 있지만 대부분이 다 죽은 말이고 실지로 쓰이는 말은 그다지 많지 않다'는 것이다. 그러나, 이 주장도 바른 주장은 못 된다. 사전에 수록된 어휘이기는 하지만 일상 생활에서 잘 안 쓰이는 말 즉, 죽은 말로 치자면 순수 우리말도 그 숫자가 적지 않기 때문이다.

러 내버림으로써 불편을 자초할 필요는 없는 것이다. 이에 대해 한글 전용을 주장하는 사람들은 한자어를 쉽게 풀어쓰면 의미도 쉽게 파악할 수 있고 동음이의어 문제도 해결할 수 있다고 주장한다. 물론, 어려운 한자어를 쉽게 풀어 쓸 수만 있으면 풀어쓰는 것이 좋다. 그러나, 아무리 풀어써도 해결되지 않는 문제가 있다. 그것은 언어라는 것은 사회 구성원들 사이에 자연스럽게 형성된 약속 즉 '약정속성(約定俗成)'의 과정을 거쳐 생성되는 것이기 때문에 인위적으로 풀어쓰자고 해서 될 일이 아니고 또 우리말 어휘의 70 %나 되는 한자어 중에서 완전히 우리 토박이말 화(化)하여 (예를 들면 '생각(生覺)' 같은 것) 한자의 도움이 거의 필요 없게 된 말들을 제외시킨다고 하더라도 아직 우리가 사용하고 있는 한자어 가운데에는 한자를 이용하여 그 어원을 풀어서 설명해 주어야만 될 말들이 너무나 많이 있다.

현재 우리말의 상황이 이러함에도 불구하고 최현배는 말은 '현시적'으로 사용되고, 또 '평판적'으로 사용되는 것이기 때문에 한자를 알아야 할 필요가 전혀 없다고 하였다. 실로 놀랄만한 주장이라고 아니 할 수 없다. 우선 최현배가 '말은 현시적으로 사용된다'는 작은 절목(節目)아래 쓴 글의 내용을 보기로 하자.

말은 그 말밑 곧 어원을 모르고도 그 말뜻을 깨칠 수 있다. 말은 돈과 같이 현시적으로 또 평판적으로 사용됨이라 하는 것이 언어학 초보의 원리임을 알아야 한다. 우리가 '밥', '물', '나무'같은 말을 누구나 조금도 의심 없이 쓰고 있지마는 그 말밑을 아는 사람은 아마 한 이도 없을 것이다. '사랑'의 말밑을 모르고도 얼마든지 '사랑'이란 말을 자유로이 쓴다. 500년 전에는 '사랑하다'가 '생각하다'의 뜻으로 쓰였지마는 오늘에는 그런 뜻은 조금도 없고, 오직 현시의 뜻 그대로만 쓰이고 있다. 다시 말하면, 사랑의 말밑이 무엇인지, 또는 그 내력의 변천이 무엇인지도 아랑곳 할 것 없이 자유로 또 만족스리 사용하고 있다. 우리가 쓰는 지전이 십원이면 십원으로 쓰면 그만이지, 그 십원이 옛날에는 몇 원으로 쓰였는지 또 그것은 어떤 종이, 어떠한 색채로써 누가 찍어냈는지는 조금도 상관하지 않는다. 이와 같이 말은 돈과 마찬가지로 현시의 뜻을 좇아 쓰면 그만이요, 그 말밑 및 그 변천 따위는 물을 필요도 없다59)

최현배의 이 말은 모든 국민이 깊은 생각 할 필요 없이 단순·무지(單純·無知)한 채로 그냥 밥 먹고 잠자고 뛰고 놀며 살아가자는 얘기다. 예를 멀리에서 찾을 필요도 없이 최현배가 내세운 '사랑하다'라는 말만 가지고서 생각해 보자. 500년 전에 쓰인 '사랑하다'라는 말은 '생각하다'의 의미였다면 오늘날 순 우리말처럼 쓰이고 있는 '사랑'의 어원도 한자어인 '사량(思量:생각하다)'에 있다는 뜻인데 '사랑'의 어원이 '사량(思量)'에 있다는 사실이 우리에게 참으로 깊은 의미로 다가온다. 어원대로 보자면 '사랑'이란 결국 "내가 너를 앉으나 서나, 일할 때나 쉴 때나 항상 생각한다"뜻이다. 그러면, 생각한다는 것은 무엇인가? 그것은 애틋한 마음으로 그리워하는 것이며, 혹시 안 좋은 일이 있을까봐 염려하고 조바심하는 마음이며, 동그라미를 그리듯이 보름달을 그리듯이 눈앞의 허공에 그려보는 마음이다. 그 뿐이 아니다. '思'에 '量'이 덧붙어 있음으로 인하여 '思量'은 '量'즉 분수(分數)를 생각하여 헤아린다는 뜻도 있다. 사랑에서 분수를 헤아린다는 것, 그것은 곧 무례하지 않음이며, 외설스럽지 않음이다. 이렇게 따지고 보면, "오늘날

---

59) 최현배, 《한글만 쓰기의 주장》, 정음사, 1970, p.p30~31

쓰는 사랑이라는 말속에는 '생각하다'라는 뜻이 전혀 없다"는 최현배의 주장은 전혀 설득력이 없는 주장임을 알 수 있다. '사랑'이라는 말에는 분명히 '생각하다'라는 뜻이 들어있다. 따라서 사랑의 어원이 思量에 있음을 안다는 것은 얼마나 중요한 일인지를 확인하게 되었다. 사랑의 어원이 思量에 있음을 알게 됨으로 인하여 사랑은 "상대를 항상 염려하고 한없이 그리워하는 마음이며, 항상 분수를 지켜 무례하지 않으며 외설스럽지 않은 것"이라는 개념(象)이 머리에 자리하게 된다. 사랑의 상(象)을 이렇게 형성하고 나면 잘못된 사랑이 자리할 틈이 없어지게 된다. 이와 반대로 최현배의 주장대로 "사랑"이라는 말의 의미를 지폐의 액면 확인하듯이 현시적으로[60] 이해하면 되는 것으로 인정해 보자. 그렇다면, 청소년들은 물론 누구라도 자기가 보고 이해한 대로 사랑을 실천하면 된다. 미국 영화를 통해 만난 지 불과 몇 시간 만에 서로 입맞추고 잠자리에 같이 드는 것을 사랑으로 보고 이해했으면 그 이해가 바로 현시적으로 본 사랑의 한 모습이니까 그렇게 사랑을 이해하고 실천하면 되고, 일본 만화를 통해 이상스런 성행위를 하는 장면을 보았다면 그 장면을 현시적 사랑 장면의 하나로 보고 사랑을 이해한 대로 그렇게 실천하면 된다. 이렇듯 말은 단순한 말로 그치는 게 아니라, 말은 곧 행동이요, 실천으로 이어지기 때문에 말은 문화를 이루는 가장 기본적이면서 또 가장 강력한 힘을 갖는 중요한 요

---

60) 사실, 최현배가 사용한 이 "현시적"이라는 말도 한글로만 써 놓으니까 도대체 무슨 뜻인지 정확히 모르겠다. "顯示"인지, "現示"인지, 아니면 "現時"인지 알 수가 없다. 해당되는 한자를 다 대입해 보아도 문맥은 이어지기 때문이다. 별 수 없이, "한자를 쓰지 않아도 문맥을 통해 충분히 그 뜻을 파악할 수 있다"는 그의 주장에 따라 비록 충분하지는 못하지만 필자는 "現示"로 이해하기로 하였다.

소이다. 사용하는 말의 깊은 뜻을 알지 못한 채 말을 대충 사용하면 그 말에 따라 생각도 대충하게 되고 생각을 대충하게 되면 대충한 그 생각을 따라 행동도 대충하게 된다. 그렇게 되면 그 사회에는 대충 얼버무리는 문화가 자리하게 되고 그처럼 대충 얼버무리는 문화가 만연된 사회는 신뢰가 없는 사회이고 깊이가 없는 사회이며 금방 무너질 것 같은 위기감이 감도는 사회이다. 지금 우리 사회에 그러한 모습이 많이 보인다는 점을 인정한다면 그것은 우리가 한자를 폐기함으로 인하여 어원도 모르는 채 말을 대충 사용함으로 인하여 형성된 '대충대충 문화, 대강대강 문화'에 기인한 바 크다고 할 수 있을 것이다. 그러므로, 사용하는 언어는 깊이 있게 이해하면 할수록 좋고, 그 말의 "초형본의(初形本意:처음 형태와 본래의 뜻)"를 알면 알수록 좋다. 그래야만 사용하는 말의 본의(本意)와 인신의(引伸意), 확대의(擴大意) 등을 깊이 있게 이해할 수 있고 그렇게 깊이 있게 알아야만 사려 깊은 행동이 나오고 그런 사려 깊은 행동이 모여져서 그 사회에 깊이 있는 두터운 문화가 형성되기 때문이다. 따라서, 말의 어원은 결코 아랑곳 할 필요 없는 성질의 것이 아니며, 또한 말은 現示의 뜻만 좇아서 쓰면 그만인 대상이 결코 아닌 것이다.

　최현배는 또 "말은 평판적으로 사용된다"는 작은 절목(節目)아래 쓴 글에서 다음과 같이 말하기도 하였다.

　　그 말밑을 알 수 있는 낱말들도 그 뒤쪽에 말밑을 더덕더덕 붙여서 쓰는 것이 아니라, 단순한 평판처럼 사용한다. 가령, 우리가 '사랑'의 말밑이 '思量'이라는 한자에 있었고 그 옛 뜻은 '생각한다'로 쓰였다 하더라도 오늘날 우리들의 말씨 생활에서 이러한 말밑스런 천착은 조금도 필요가 없고, 다만 현재 표면적으로 나타난 뜻으로 씀으로서 만족하고 있다. ………"저 사람은 집에 들면 판관이야"란 말의 '판관'이라는 말도 "제 아내에게 순종 잘 하는 사람"으로만 씀으로 만족하고 '판관'이 '판관 사령(判官 司令)'의 줄어든 말임과, '판관'이 무엇이며, 더구나 '판관 사령'이 무엇임과, 또 그 '판관 사령'이 왜 "아내의 시키는 대로 고분고분 잘 하는 사람"을 뜻하게 되었나 하는 따위의 말밑스런 천착은 아니한다(할 필요가 없다). 다만, 그 평판적인 뜻이 통함으로써 만족한다.61)

'판관 사령'을 한자로 쓰면 '判官 司令'인데, 각 글자를 보면, '판단할 판(判)', '관리 관(官)', '맡을 사(司)', '명령 령(令)'이다. 따라서, '판관(判官)'이란 재판을 통해 옳고 그름을 판단하는 관리이고 '사령(司令)'은 명령을 수행하는 것을 맡은 사람이다. 그러므로, '판관 사령'은 재판관의 판단에 따라 명령을 내리면 그 명령을 집행하는 사람이다. 그러니, 판관 사령은 판관의 말을 얼마나 고분고분 잘 들어야 하겠는가? 이러한 연유로 '판관 사령'은 고분고분 말을 잘 듣는 사람을 뜻하는 말로 쓰이게 되었으며 이것이 더 변화되어 나중에는 아내의 말을 고분고분 잘 듣는 사람을 뜻하는 속어(俗語)로 사용되게 된 것이다. 국민들이 한자를 통해 판관 사령의 의미를 이렇게 정확하게 알고 사용하면 정말 안 되는 것인가? 또 그렇게 알도록 가르치면 안 되는 것인가? 정말 한글만을 써서 어원이야 어찌되었든 평판적으로62) 그 말이 "아

---

61) 최현배, 상게서, pp.32~33.
62) 이 "평판적"이라는 말도 한글로만 써놓으니 '平板'인지 '平版'인지, '評判'인지 구분 할 수가 없다. 세 단어를 다 가져다가 문맥을 연결해 보아도 다 문맥이 통한다. 최현배 본인이 쓴 글의 상황이 이러한데도 한자를 쓸 필요가 없다고 주장하고 있으니 대단한 아이러니다. 필자는 최현배가 사용한 "평판"의 의미를 "平板"으로 이해하여 "특별한 꾸밈이나 설명이 필요

내에게 고분고분한 사람"을 뜻하는 줄만 알면 고만일까? 최현배는 심지어 다음과 같이 말하기도 하였다.

> 아이가 쌀밥을 잘 먹고 또 잘 알지마는 쌀의 소종래(所從來, 온 곳 : 필자 註), 벼의 생장과정은 절대로 알지 못한다. 그 소종래 들을 몰라도 쌀을 사다가 밥은 넉넉히 지어먹는다. 우리가 낱말 낱말의 말밑을 몰라도 곧잘 그 말뜻을 이해하고 그 말을 제 뜻에 맞도록 적절하게 사용하는 것임을 우리는 밝혀 둔다.63)

쌀이 어디로부터 어떤 과정을 거쳐서 우리의 식탁에 오르게 되는 줄을 '절대 알지 못하는' 것이 무슨 자랑거리라도 된다는 말인가? 그렇다면, 농부가 아닌 학생들에게도 자연 시간이나 생물 시간을 이용하여 벼에 대해서 가르치고 들판에 나가 벼의 생장과정을 가능한 한 많이 보게 하고 체험하게 하는 교육은 왜 시키는가? 밥 한 숟가락을 먹으면서도 농부의 피땀을 생각하며 아껴 먹자는 교육은 왜 시키며, 북한이나 이디오피아의 어린이들을 생각하며 쌀 한 톨이라도 아끼자는 교육은 왜 시키는가?

말의 뜻이 사회의 공통적인 약속에 부합될 경우, 이를 외연(外延:denotation)이라 하고, 개인적인 요소가 개입되있을 때는 그것을 내연(內延: connotation)이라고 부른다.64) 언어를 현시적·평판적으로만 사용하지 않고 그 어원에 대한 이해를 하면 할수록 언어의 외연을 확대시키고 내연을 풍부하게 할 수 있다. 쌀이 어디로부터 왔는지 그 소종래

없이 있는 그대로"라는 의미로 받아들였다.
63) 상게서, p.38
64) 이상섭, ≪문학비평용어사전≫, 민음사, 1992.

(所從來)를 앎으로 인하여 자연에 대한 고마움과 경외감, 농부에 대한 고마움 등을 함께 느끼게 되어 쌀을 더 이상 동물적인 '사료(飼料)'로 먹는 게 아니라, 인간적 느낌과 애정을 가지고 먹게 되듯이 그 말이 왜 그런 뜻으로 쓰이게 되었는지를 알게 됨으로 인하여 언어의 외연과 내연을 다 확대하고 풍부하게 할 수 있다. 언어의 외연이 확대된다는 것은 그만큼 그 사회에 의사 소통 수단이 다양하고 풍부하여 지적(知的), 예술적 자산 즉 지식창출과 예술창작의 가능성과 역량이 풍부하다는 뜻이며 언어의 내연이 풍부하다는 것은 그만큼 개인적 상상력과 창조력이 풍부하고 개인의 자기 표현 능력이 뛰어나다는 뜻이다. 이처럼 풍부한 언어의 외연과 내연을 토대로 학문과 예술이 발달하고 또 언어의 외연과 내연이 풍부할 때 그 발달된 학문과 예술을 사회적으로 공감 공유할 수 있게 된다. 그리고 그렇게 공감 공유되는 수준 높은 학문과 예술에 의해 스스로 인도되는 나라가 곧 문화국가이고 선진국가이며 인간적인 나라이다. 따라서, 언어는 단순하게 지식을 배우기 위한 수단만이 아니다. 결코 언어 따로 지식 따로 배우는 것이 아닌 것이다. 그러므로 언어를 단순한 도구나 수단으로 여겨 언어를 빨리 배워 버린 다음에 그 언어라는 도구를 이용하여 지식을 배우는 데에 시간과 노력을 투자해야 한다는 최현배의 주장은 어불성설(語不成說)인 것이다. 그런데, 최현배의 한글 전용이론은 바로 이러한 '수단적 언어관'에 바탕을 두고 있다. 최현배는 말하였다.

    교육의 참된 목적은 사람의 감정을 순화하고 지식과 도덕을 닦아, 써 참된 사람을 만듦에 있고, 글자나 말씨는 그 수단에 지나지 않는 것이다. 교육의 수단인 글자는 지식을 담아 전달하는 그릇으로서의 구실을

잘하면 고만이다65)

그리고 최현배의 뒤를 이은 허웅은 "글자는 되도록 빨리 배워 버려야 하는" 수단으로 인식한 가운데 한자 학습의 고통을 역설하고 한글 전용을 주장하였다.66) 그러나, 위에서 본 바와 같이 언어나 그 언어를 기록하는 문자는 단순한 수단적 역할만을 하는 것이 결코 아니다. 특히 우리에게 있어서의 한자는 더욱 그렇다.

최현배나 허웅 등 한글 전용론자들의 주장대로라면 '경복궁'은 한글로만 쓰고서 그것이 대원군 때에 중건한 조선시대의 궁궐이라는 역사적 지식만 알면 됐지 그것이 '크고, 빛난다'는 뜻의 '景'과 '복되다'는 뜻의 '福'을 합쳐 '景福宮'이라고 이름지은 까닭이 "큰복을 받아서 국가와 국민이 모두 평안하기를 염원함"에 있음은 알 필요가 없다는 것이다. 우리 민족이 한자를 좀 알아서 궁궐과 전국의 유명한 정자(亭子)와 사찰에 걸려 있는 현판을 읽을 줄 알고 거기에 담긴 선인들의 뜻을 깊이 있게 이해하면 왜 안 된다는 것인가? 그러한 역사 유물인 현판들도 다 지금의 광화문처럼 '光化門'인지, '廣和門'인지, '光華門'인지도 모르게 다 한글로 바꾸어 달아야 하는가? 그리고, 우리의 현실적인 언어생활에서 '가화만사성(家和萬事成)'이나, '소문만복래(笑門萬福來)'등과 같은 말을 한글세대들인 10대나 20대들도 예사로 쓰고 있는데 그들에게 '가화만사성'이나 '소문만복래'의 의미를 한자를 이용하여 어원적으로 정확히 가르쳐 주면 왜 안 된다는 것인가? 어렵지도

---

65) 최현배, 전게서, p.4.
66) 허웅, <한자폐지는 되어야 한다>, 《국어 국문학》한글 전용 찬반 특집호 44, 45집, 1969.7.1.

않은 한자, 가르쳐주면 좋은 것을 가르쳐 줄 필요 없이 그게 왜 그런 뜻인지도 모르는 채 그냥 '가화만사성', '소문만복래'라고 사용하기만 하면 충분하다니 도무지 이해가 되지 않는다. 한글이 세계적으로 우수한 문자임에는 틀림이 없다. 우리 국민 모두가 잘 갈고 다듬어서 더욱 값지게 써야 한다. 그러나, 분명한 것은 우리 사회에는 위에서 본 바와 같이 현실적으로 한자를 한글과 함께 써야 할 이유가 분명히 있다. 한글의 우수성을 세계에 자랑하는 길은 한글을 한자와 함께 써서 우리의 언어 문자 생활을 보다 근원적으로 풍부하게 하는 데에 있지 결코 어원을 무시한 채 한글만의 현시적이고 평판적이며 수단적인 사용에 있지 않은 것이다.

한글 전용론자들은 이상과 같은 「어원설명무용론(語源說明無用論)」을 주장하면서도 내심으로는 어원이 한자에 있는 한자어에 대한 설명이 필요함을 인식하였던지 한글로 풀어 씀으로써 한자를 이용한 설명이 없이도 한자어에 대한 어원적 이해를 하게 할 수 있다고 주장한다. 그 동안 한글 전용을 주장하는 사람들이 중심이 되어 '한글로 풀어 쓰기' 연구가 진행되어 한글학회에서는 1999년 12월 5일에 문화관광부의 지원을 받아 ≪깁고 더한 쉬운말 사전≫이라는 사전을 편찬해 내놓았는데 그것이 바로 그들의 이러한 심사를 대변하는 것이라고 할 수 있다. 이 사전은 1967년 1월 30일에 ≪쉬운말 사전≫으로 간행되었던 것인데 1999년 3월16일부터 같은 해 8월 24일까지 40여 차례의 말다듬기 회의를 거쳐 간행한 것이라고 그 책의 머리말에서 밝히고 있다. 그런데 이 책을 보면 아무리 한글이 우수하다고 하더라도 '깁고 더한 쉬운 말' 만 가지고서는 우리의 문자생활을 결코 윤택하게 할 수 없음을 느낌과 동시에 굳이 그렇게 '깁고 더해서 쉽게' 할 이유가 있는

지 자체가 의심스러워진다. 쉽게 한다는 것이 오히려 어려워지거나 우스꽝스럽게 된 경우가 허다하기 때문이다. 우선 책의 이름부터가 낯설고 부자연스럽다. '깁고 더한'이란 말보다는 우리가 현재 일상으로 쓰고 있는 '증보판'이란 한자말이 훨씬 더 쉽게 들린다. 이미 사회적인 약속이 그렇게 형성되어 있기 때문이다. 그것이 현재 우리 사회의 언어 실상이다. 책이름에 붙은 '깁고 더한'이란 말을 처음 보고서 선뜻 그 뜻을 헤아리는 사람이 몇이나 될까? 이제, ≪깁고 더한 쉬운 말 사전≫에 '쉽게' 풀이된 몇 가지 예를 들어 살펴보자면 다음과 같은 문제점들을 발견할 수 있다.

① 가로등(街路燈) ⇒ 거리등
과연 '가로등'보다 '거리등'이 쉬운 말이 될 수 있을까? 이미 가로등은 우리의 언어로 굳어져서 그냥 한글로만 써도 다 아는 말이다. 굳이 바꿀 필요가 없다.

② 가야금(伽倻琴) ⇒ 가얏고.
'가얏고'는 '가야금(伽倻琴)'의 쉬운 말이 아니라 예(古)스러운 말이라고 할 수 있다. '가얏고'의 '가얏'도 결국 '伽倻'의 漢字音의 變音이라고 볼 때, 결코 쉬운 말이 될 수 없다.

③ 세세히(細細-) ⇒ 자세히.
'자세'도 '仔細'의 漢字音이다. 풀어쓴 말도 쉬운 말도 아니다.

④ 세필(細筆) ⇒ 가는 붓.
세필(細筆)에는 '잔(작은)글씨'라는 뜻도 있다. 가는 붓이라는 의미로 한정지어서는 안 된다.

⑤ 회상(回想) ⇒ 돌이켜 생각함.

이것은 '회상(回想)'의 풀이를 하여 놓은 것이지, 결코 '회상(回想)'의 쉬운 말일 수는 없다. 이러한 풀이는 이미 국어사전에 다 되어 있는데 『쉬운말 사전』이라고 내걸어 번거로이 또 편찬할 필요는 없는 것이다.

⑥ 황태(黃太) ⇒ 더덕북어.

'황태(黃太)'와 '더덕북어', 어느 말이 일반적으로 쉽게 이해되는 말인가? 한자어는 고유어보다 무조건 어렵다는 선입견에서 저지른 오류이다. 물론, 장차 더덕북어라는 말을 보급하여 널리 사용될 수 있다면 그것은 매우 바람직한 일이다. 진정으로 한글을 갈고 닦으려면 좋은 말을 잘 골라서 시간을 가지고 보급해야한다. 한자에 대한 무조건적인 전면 부정은 결코 한글을 갈고 닦아나가는 바른 길이 아니다.

⑦ 위(胃) ⇒ 밥통

동물의 소화기관의 하나로서 '위(胃)'는 '밥통'이라고 해도 통하겠지만, 사람에 대해서는 언어 습관상 '밥통'이라는 표현을 잘 하지 않는다. 자신의 할아버지에게 '밥통이 아프세요.'라는 말은 쓸 수 없을 것이다. 단어의 意만을 알고 그 어감의 문제는 고려하지 않은 결과로 생긴 우스꽝스러운 풀이다.

⑧ 비뇨기(泌尿器) ⇒ 오줌틀.

'비뇨기과'를 '오즘틀과'로 병원에 써 붙였을 때 박장대소(拍掌大笑)를 금할 수 없을 것이다. 게다가 '비뇨기'는 오줌만 누는 기관이 아니다.

⑨ 면양(緬羊) ⇒ 털 염소.

양과 염소는 다른 동물이다.

⑩ 농아(聾啞) ⇒ 귀머거리와 벙어리

'농아학교'를 '귀머거리와 벙어리 학교'로 교명(校名)을 바꾸었을 때 그 결과가 어떻게 될 것인지는 설명하지 않아도 알 것이다. 아마 학부모들의 항의가 빗발칠 것이다. <쉬운 말>과 <풀이>를 혼동한 결과이다.67)

이처럼 우리말 속의 한자어는 아무리 풀어써서 다른 말로 대체하고자 해도 도저히 안되거나 대체했을 때 오히려 더 어려워지거나 어색한 말들이 너무나 많이 있다. 이미 써오던 보조 문자인 한자를 혼용하거나 병기하면 쉽고 자연스럽게 해결될 문제를 한글이 세계적으로 우수한 문자라는 이유로 한글만을 이용하여 굳이 더 어렵고 장황하게 쓰려고 하는 한글 전용론자들의 주장은 실로 수용하기 어려운 점이 있다.

---

67) 이상의 例는 월간 ≪한글+한자문화≫제9호 (2000. 4), 전국한자문화총연합회, p.p 26~27.의 내용을 발췌 정리한 것임.

7) "한글만 써야 민족문화의 보존과 발전에 유리하다"고요? 그런 말도 안 되는 주장은 이제 하지 맙시다

한글 전용을 주장하는 사람들은 순수한 우리의 민족문화를 보존하고 또 우리의 민족문화를 순수하게 창조 발전시키기 위해서는 순수 우리글인 한글만을 써야 한다고 주장한다.[68] 그들은 삼국시대에는 '거칠부' '아사달' 등 순수한 우리말이 있었고 그러한 순수 우리말 속에는 순수한 우리의 문화와 우리의 정신이 깃들어 있었는데 8세기 경 이래로 우리나라의 모든 지명과 인명이 한자 및 한자어로 대치되면서 우리 고유어의 어휘와 조어력이 위축되고 한자문화의 영향이 깊게 뿌리 박혀 우리의 어문생활과 정신세계에 적잖은 영향을 주었으므로 순수한 우리의 문화를 찾아서 보존하고 앞으로 순수한 우리문화를 창조하기 위해서는 한글을 전용해야 한다는 것이다. 그러나, 이러한 견해는 일종의 쇼비니즘 내지는 소아적, 쇄국적 견해라고 해도 지나치지 않을 것 같다. 한글 전용론자 들의 이와 같은 주장에 대하여 김문창은 다음과 같이 말하였다.

이제 좋던 싫던 그러한 영향은 오랜 세월에 걸쳐 서서히 구석구석까지 파고들어 우리 문화의 뼈대를 이루게 되었음을 직시하지 않을 수 없는 것이다. 이러한 모든 外來(외래)요소를 일시에 제거한다는 것은 거의 無望(무망)한 일인지도 모른다. 문화란 하루아침에 바뀔 수 있는 것이 아니다. 문화란 오랜 세월을 두고 서서히 단계적으로 置換(치환)되는 것이 인류사의 한 理法(이법)임을 우리는 알고 있다. 영어는 60% 이상이

---

68) 최현배, 전게서, pp.11~14 참조.

외래어로 되어 있으며 라틴 문화는 희랍 문화의 영향으로, 미국 문화는 유럽 문화를 받아들임으로써 그들은 수용과 배격 그리고 적응과 반동의 끝없는 시련 속에서 각기 자기 나름대로의 문화를 형성해 왔던 것이다. 이 점에 비추어 볼 때 우리만이 유독 외래 문화에 심각한 영향을 받았다거나 혹은 우리 민족만이 독특한 고유 문화가 있었다고 생각하는 것은 일종의 쇼비니즘 내지는 소아병적 사고라고 해도 과언이 아니지 않을까 생각된다. 중요한 것은 과거가 아니다. 우리가 과거에 제아무리 문화 민족이었음을 세계를 향하여 소리 높여 외쳐도 현재 우리의 현실이 여의치 못하면 이는 한낱 부질없는 잠꼬대에 지나지 않을 것이다. 따라서 한자 때문에 우리 문화가 크게 위축되었으니 이제부터 한글만 사용하면 우리 문화는 당장 중흥하여 갑자기 창조적 발전을 이룩할 수 있다고 믿는 소박한 생각은 재고되지 않으면 아니 된다. 즉 외래 문화로 인하여 고유 문화가 말살된다고 믿는 것은 어쩌면 위험하기까지 하다.69)

이제, 시대는 6, 70년대가 아니고 세계 각 국이 세계화를 부르짖는 21세기이다. 위에서 본 바와 같은 한글 전용론자들의 주장은 6, 70년대 주장 당시부터도 설득력이 없었지만 21세기 세계화시대에 통신수단의 엄청난 발전으로 인하여 '지구촌 한가족'이 이미 실현되고 있는 지금에 있어서는 더욱 설득력을 가질 수 없다. '거칠부' '아사달' 등 순수 우리말을 사용하던 시대의 문화도 우리문화이고 그 후 한자를 주요 문자로 사용하여 이룬 고려시대나 조선시대의 문화도 이미 우리 문화임을 인정해야 할 것이다. 이미, 2000년 이상 한자를 사용하여 이

---

69) 김문창, 전게서, p.37

룩한 문화를 부정하고 순수 우리말 시대의 문화를 찾아가기 위해 현실적으로 필요한 한자를 당장 버리자는 주장은 무리일 수밖에 없다. 그리고, 2000년 이상 한자를 사용하여 이룩한 문화를 버리고 나면 우리의 문화유산으로서 남는 게 과연 무엇이 있을까? 과거 2000년 동안 이룩한 찬란한 문화를 부정하고 새로운 한글 문화 창조를 위해서 한자 사용을 봉쇄해야 한다고 주장한다면 신입생을 새롭게 가르치고자 하는 의욕이 너무 강한 나머지 기존의 재학생은 다 퇴교를 시켜야 한다는 논리나 다를 바 없다. 이러한 생각은 조금만 더 나아가면 인종차별이나 민족 차별을 정당화하는 아주 위험한 생각으로까지 발전할 수 있다. 너무나도 소아적(小我的)인 생각이기 때문이다.

진정으로 민족 문화를 발전시키기 위해서는 오히려 하루 빨리 한자의 사용을 확대하고 한자교육을 강화해야 한다. 한자를 모르는 탓에 우리는 너무나도 소중한 우리의 문화 유산을 내팽개치고 있으며, 그 문화유산을 토대로 새로운 문화를 창조할 위대한 힘을 스스로 포기하고 있는 것이 현재 우리의 문화 실정이다. 국가적 차원에서, 그리고 각 지방 자치 단체별로 혹은 각 문화 예술 단체 별로 우리의 전통문화 보존이라는 구호를 높이 내걸고 전통문화 보존을 위해 많은 노력을 기울이고 있지만 일부 분야를 제외하고는 제대로 보존되는 것도 없고 새로운 문화로 재창출되는 것은 더욱 없는 상태이다. 우리 국악의 보존과 선양이라는 구호아래 각 관련 단체들이 많은 노력을 기울이고 있지만 사실상 그나마 보존되고 국민들의 관심을 갖는 분야는 판소리나 가야금, 대금, 거문고 등의 산조나 농악, 사물놀이 등 대부분이 속악들이다. 다시 말하자면 국악 중에서도 대중음악만 일부 국민의 관심아래 보존·유지되고 있을 뿐 고도의 예술성을 가지고 있는 차원 높은 음악인 정악 즉, 아악은 극히 일부분의 연주자와 연구가에 의해 명맥이 유지될 뿐 국민적 관심을 끌지 못하고 있다. 이것은 우리 국민들의 전통문화에 대한 이해도가 낮기 때문이다. 그리고 그처럼 전통문화에 이해도가 낮은 까닭은 전통문화에 대해서 최소한의 깊이라도 있는 교육을 실시하기보다는 순전히 감각적으로 전통문화를 이해하도록 방임 상태로 놓아두었기 때문이다. 그러면 전통문화에 대한 교육은 왜 제대로 되지 않는가? 그 가장 큰 원인은 바로 한자를 모르기 때문이다. 극히 일부를 제외하고는 연구자들의 한자 실력도 넉넉하지 못하고 일반 국민들은 한자만 나오면 아예 골치 아픈 이야기로 여겨 거부감을 나타냄으로써 우리의 전통에 대해 알고자 하는 욕구를 갖지 못하고 있는 것이 현재의 실정이다. 우리의 차원 높은 전통문화를 전수하고 전수받고자 하는 사회적 분위기가 전혀 형성이 되어있지 않은 것이다. 우리 국민 모두가 일상생활 속에서 한자를 늘 접함으로써 한자에 대한 거부감이 없어지고, 또한 최소한의 기초 한자 실력이라도 갖추게 된다면 분위기는 완전히 달라질 것이다. 우리의 전통문화에 대해서 지금처럼 감각적으로 받아들이기만 하는 게 아니라, 보다 진지하게 우리의 것을 대하고 그러한 가운데 우리 것이 가지고 있는 깊이 있고 차원 높은 예술성을 스스로 찾아내어 감상할 수 있게 될 것이다. 이것이 바로 문화 민족이 되는 길이고, 보다 더 차원 높은 문화를 창출하는 지름길이다. 그런데 우리는 지금, 그러한 지름길을 한글 전용이라는 이름으로 스스로 차단하고 있는 것이다. 이러한 현상은 비단 전통 음악에서만 볼 수 있는 현상이 아니다. 미술에서도 마찬가지이다. 우리의 전통회화에 내재해 있는 엄청난 차원의 철학과 미학과 사상을 우리는 거의 하나도 이해하지 못한 채 막연하게 김홍도, 신윤복의 풍속화, 겸재 정선의 산수화 등을 외우듯이 자랑하고 있을 뿐이다. 산수화에 쓰여진 화제시 한 구절에 대해서도 무슨 말이 쓰여져 있는지 아예 짐작조차 못하고 있으니 어떻게 감상을 하며 그러한 문화적 분위기 속에서 어떻게 새로운 한국화를 창출해 낼 수 있겠는가? 한자문화권 국가에서 형성된 이른바 '동양화'라는 그림은 세계에서 그 유래를 찾아 볼 수 없는 독특한 형식을 가지고 있다. 바로 한 화폭 안에서 그림과 시와 서예가 만난다는 점이 바로 그것인데 이러한 형식의 그림은 한자문화권 국가 외에 세계 어디에도 없는 것이다. 그림을 그리고, 그 그림에 걸 맞는 시를 짓고 그 그림의 여백 부분에 적절한 자리를 찾아서 그 그림과 정히 부합되는 서체로 앞서 지은 시를 써넣음으로써 한 화면 안에서 그림과 시와 글씨가 절묘한 조화를 이루게 하는 형식의 그림, 그래서 그 그림을 보고 있노라면 물씬 풍기는 흥취를 그대로 느낄 수 있는 그림, 그런 그림은 바로 한자문화권 전통문화 중에서도 최고급의 예술이었고 한자문화권 문화의 특색을 여실히 드러내는 독특한 그림이었다. 그런데, 지금 그런 그림의 풍취를 제대로 느끼며 감상하는 사람이 우리 사회에 몇이나 되며 능히 그러한 풍취 있는 그림을 창작할 수 있는 사람이 몇이나 되는가? 이미 그런 그림은 멸절의 위기에 놓여 있고 붓과 먹을 사용했다는 점 외에는 기법이나 구도 면에서 서양화와 전혀 다를 바 없는 이상한 그림이 한국화라는 이름아래 양산되고 있다. 이처럼 위대한 예술성을 지닌 우리 전통의 회화가 멸절의 위기에 놓이게 된 주된 원인도 바로 한글 전용이라는 어문정책에 있다. 한자를 모르는 상태에서는 전통 회화 작품을 제대로 감상할 수조차 없다. 그리고 한자를 모르는 까닭에 그 그림에 담긴 미학 사상을 도출해 내기는커녕 그 그림의 성격이나 작법 등을 설명해 놓은 화론(畵論) 한 줄도 제대로 읽을 수 없게 되었으니 어느 세월에 전통회화의 그 심원한 예술성을 계승 발전시킬 수 있겠는가! 이러한 전통문화의 멸절 위기는 전통회화 분야에서만 나타나고 있는 게 아니다. 철학과 사상, 문학 분야에서는 더욱 심각하다. 우리는 지금 전통문화를 내팽개쳐도 너무 무지하게 내팽개치고 있다. 아예 역사 자체를 단절시키고 있다고 하는 것이 보다 더 정확한 현실진단일 것이다. 우리는 흔히 "오천 년의 장구한 역사를 가진 문화민족"이라고 우리 스스로를 내세우지만 사실상 우리의 역사는 50년도 채 못된다고 해야 옳다. 자신의 조상이 기록한 역사를 후손인 국민이 읽지 못한다면 그 역사는 없는 역사나 마찬가지이기 때문이다. 그리고 글자를 모르는 까닭에 자신의 역사를 전혀 읽을 수 없는 민족이라면 그 민족은 사실상 다 문맹이라고 해야 옳다. 우리는 지금 이처럼 비참한 상태에 놓여 있는 것이다. 한자를 모른 탓에 한자 보기를 겁내는 국민적 정서 속에서 우리의 역사와 전통문화의 계승과 발전은 결코 기대할 수가 없다. 진정한 민족 문화의 발전과 보존을 위해서 한자 교육과 사용은 하루 빨리 강화되고 확대되어야 한다.

8) "한글을 전용해야 민족 주체성을 공고히 할 수 있다"고요? 하나만 알고 둘은 모르는 주장입니다

우리 글인 한글을 전용함으로써 민족의 주체성을 더욱 공고히 할 수 있다는 주장은 어느 정도 설득력이 있다. 한글 전용론자들이 이러한 주장을 하게 된 배경은 크게 두 가지 측면에서 분석할 수 있다. 그 하나는 해방 직후 일제로부터 막 벗어났을 당시 일제에 의해 사용이 금지되었던 한글의 사용이 풀리면서 우리 글인 한글을 사용하는 것이 곧 애국이요 애족이라는 생각이 사회에 짙게 깔려 있었다는 점이며, 두 번째 배경은 해방 직후로부터 70년대 한글 전용이 고착화 단계에 이르는 시기까지 우리 사회에는 지나칠 정도로 많은 한자와 한자어 그것도 일본식 한자어가 상투적으로 쓰이고 있었다는 점이다. 해방 직후로부터 70년대에 이르는 시기의 시대적 상황이 이러했기 때문에 당시에는 한글 전용이 민족 주체성을 확립하는 데에 크게 기여한다는 주장이 어느 정도 설득력이 있었다. 그러나, 광복 57주년을 맞게 된 지금, 시대 상황은 매우 많이 변하였고 그 당시에 비해 이제는 그러한 주장은 거의 설득력을 잃었다. 왜냐하면 지금 우리 국민 중에는 누구도 한글을 제쳐두고 민족 주체성이 손상될 만큼 한자를 쓰고 있거나 그렇게 쓰자고 주장하는 사람이 없을 뿐 아니라, 이미 우리 국민들 사이에는 문자는 애국심이나 민족주체성에 관계없이 누구라도 필요에 의해서 어느 문자라도 사용할 수 있다는 개방적인 생각이 자리하고 있기 때문이다[70]. 그러한 점은 우리 사회에서 매우 장려되고 있는 영

---

70) 그러함에도 불구하고 한글 전용론자들은 최근까지도 국한문 병기나 혼용 등 우리 사회에서 한자를 사용할 것을 주장하는 사람들을 향해 '친일(親日)의 잔재' '친일적(親日的)' 심지어는 '친일파(親日派)'라는 공격을 서슴

어 교육의 현장에서 얼마든지 확인 할 수 있다(그렇다고 해서 우리사회에 일고 있는 필요 이상의 영어 열을 지지한다는 뜻은 아니다). 이처럼, 언어나 문자를 필요에 따라 선택할 수 있는 것으로 보는 시각을 갖는 것은 개방된 이 시대의 세계적인 추세이며 사실상 그렇게 보는 관점이 올바른 관점이다. 이러한 추세는 우리나라의 중·고등학생과 대학생에 대한 의식 조사를 통해서도 확연하게 드러났다. 의식 조사를 위해 중·고등학교 교사와 학생들에게 다음과 같은 질문을 주고서 답하게 했다.

* 중·고등학교 과정의 모든 교과서를 B형(한자병기 형)으로 바꾸고, 교육 방법도 B형(한자를 이용한 어원적 풀이 형)으로 바꾼다고 한다면 그에 대한 귀하의 생각은 어떻습니까?

① 비록 한글이 세계적으로 우수한 문자이고 우리 민족의 얼이 담긴 글자이기는 하지만, 우리가 현재 일상생활에서 사용하고 있는 단어의 60~70 %이상이 한자어이기 때문에 B형으로 바꾸면 뜻 구별이나 뜻풀이가 쉬워져서 학습효과도 높일 수 있을 뿐만 아니라, 중국, 일본, 북한, 동남아 지역 등에서 널리 쓰고 있는 한자도 함께 배울 수 있게 되어 크게 도움이 될 것이다.

② 비록 한자어로 된 단어를 이해하는데 도움이 되고, 한자가 아시아 각 국에서 널리 사용하고 있는 문자라고 하더라도 한글은 세종대왕께서 창제하신 세계적으로 우수한 문자일 뿐만 아니라, 민족의 정신

치 않는 경우가 있다. ≪한글 새소식≫(한글학회 刊)에 실린 한상범 (1999.4, 1999.9, 2000.3), 이강로, 최동우 등의 글 참조.

이 담긴 글이므로 한글의 발전을 위해 한자를 배격하고 한글만을 사용하여 다른 아시아 국가의 한자 문화에 물들지 않은 독특한 한글 문화를 창조하는 것이 바람직하므로 교과서에 일부 한자를 ( )안에 넣는 것은 좋은 일이 아니다.

이 질문에 대한 응답내용을 표로 만들면 다음과 같다.

〈표 8〉

구 분	①에 답한 경우			②에 답한 경우		
	중학생	고등학생	교사	중학생	고등학생	교사
응답자 수	71	83	69	67	42	19
비율(%)	51	66	78	49	34	22

위 표에 나타난 결과로 볼 때, 중·고등학교 학생과 교사 모두가 한글의 우수성도 인정하고 민족 주체성도 확고히 가져야 하지만 민족주체성을 살리기 위해서는 한글만 전용해야 한다는 생각 즉 민족주체성과 한글과의 관계를 필연적 관계로 보려는 생각에서 벗어나 학습효과와 현실적 필요성이 있다면 민족 주체성은 다른 방법으로 키우기로 하고 민족 주체성과는 상관없이 한자 교육을 강화해야 한다는 데에 찬성을 하고 있음을 알 수 있다. 따라서, 한글 전용을 통해서 민족 주체성을 확립해야겠다는 생각은 이제 버리고 다른 각도에서 보다 적극적인 방법으로 주체성 교육을 시킴으로써 민족 주체성을 확립할 수 있도록 해야 한다.

그러므로, 이제는 민족 주체성 확립의 길을 한글 전용 자체에서 찾으려고 할 것이 아니라, 문자가 담고 있는 내용으로서의 전통문화를 찾아서 갈고 닦음과 동시에 역사의식과 민족의식을 찾아 가르치는 데에서 찾아야 한다. 그런데 우리의 전통문화나 역사는 거의 다 한자로 기록되어 있다. 이러한 까닭에 이제는 민족 주체성을 보다 공고히 하기 위해서 오히려 한자를 더 가르치고 더 사용해야 하는 것이다.

일본이 그들의 문자인 가나(假名)와 함께 한자를 혼용하고 있어도 세계 여러 나라의 사람들은 일본인들에게는 '가나'라는 그들의 문자가 있음을 다 안다. 일본이 한자와 가나를 혼용한다고 해서 그들의 민족 주체성이 손상을 입은 바 없다. 오히려 한자로 기록된 그들의 전통문화와 역사에 대해서 국민들이 보다 명확하게 읽을 수 있음으로 인하여 민족 주체성이 더 확립되었다고 보는 게 훨씬 더 정확한 진단일 것이다. 우리도 마찬가지다. 우리의 국력이 신장되면서 우리나라가 세계에 알려졌기 때문에 우리가 한글과 한자를 혼용한다고 해도 세계인들은 이미 우리에게는 한글이라는 훌륭한 우리 문자가 있음을 다 안다. 우리는 지금 한글 전용을 하지 않음으로 인하여 민족 주체성이 손상당하는 것이 아니라, 오히려 한자공부의 심각한 부족으로 인하여 한자로 기록된 우리 민족 문화의 내용을 너무 모르기 때문에 민족 주체성이 무너지고 민족 자존심이 손상당하고 있는 것이다. 일반 서민은 물론 우리나라 최고 수준의 지식인이라고 하는 대학 교수들마저도 일부 해당 분야를 전공하는 교수들을 제외하고서는 자기 전공이 아니라는 이유로 한자로 기록된 우리의 역사나 문화 유산을 단 한 줄도 원래의 기록대로 읽지 못하는 경우가 대부분이다. 기껏해야 번역본에 의지하여 우리의 역사와 전통문화를 이해하고 있는 실정인데 지난 50여 년 동안 우리나라의 어느 구석에서도 한자 교육을 제대로 시키지 않았고 오히려 사회 전반에 형성된 한자 사용 금기의 분위기로 말미

암아 전문인에 대한 교육마저 제대로 실시되지 않았던 까닭에 지금은 번역본조차 믿을 만하게 나오는 것이 극히 드문 형편이다. 이러한 현실 속에서 지식인은 지식인대로 서구의 문화만을 선진 문화로 여겨서 그것을 들여오는 데에 여념이 없고 일반 대중은 대중대로 구미풍의 향락성 대중문화에 사로잡혀 헤어나지 못하고 있는 상태이다. 이것이 바로 오늘날 우리 문화의 현주소이다. 이러한 문화 현실에 비추어 볼 때 어느 곳에서 민족의 주체성을 찾을 수 있을까? 한글만 전용하고 있으면 민족 주체성이 확립될까? 결코 그렇지 않다. 이와 같이 전 국민적인 민족 주체성 쇠잔 현상이 초래된 것은 오히려 한글 전용정책에 큰 책임이 있다. 한글 전용이라는 이름아래 우리 스스로의 것을 제대로 가르쳐 본 적이 없으니까 말이다. 제나라의 문화 유산이 살아 숨쉬고 있는 박물관이나 문화 유적지에 가서 유물이나 유적의 이름조차도 제대로 읽을 수 없다면 전혀 민족 문화의 우수성을 느끼지 못했을 것이고, 민족의 문화 유산에서 민족 문화의 우수성을 전혀 느끼지 못하였다면 무엇을 통해서 민족 주체성을 확립할 수 있겠는가?

통계에 의하면 일본 학생이 한국에 수학 여행 와서 유물과 유적을 관람할 때 머무는 시간과 주의집중도와 우리나라 학생들이 우리의 유적지를 돌아볼 때의 그것을 비교해 보면 일본 학생의 그것이 훨씬 길고 깊다고 한다. 이 점을 두고 언론 매체들이 심심찮게 비평의 글을 싣곤 하였었다. 그러나, 그것은 결코 우리의 어린 학생들을 탓할 일이 아니다. 문화 유적지에 가면 일본 학생들은 오히려 유적에 걸려있는 현판(懸板)은 물론 주련(柱聯)까지도 읽어내고 박물관에 진열된 물건의 한자 이름을 보고서 그것이 무슨 물건인지를 짐작하는데, 이에 반해 우리 학생들은 주련은 커녕 '근정전(勤政殿)', '돈화문(敦化門)', '법주사

(法住寺)', '수덕사(修德寺)' 등 궁궐이나 사찰에 걸린 현판 하나도 제대로 읽을 수 없으며 박물관에 진열된 유물은 이름마저도 한자로 쓰여진 것은 아예 읽을 엄두도 못 내고 있는 게 현실이다. 그나마 겨우 읽는다는 게 한글로 쓰여진 '군선도', '청자진사연화문표형주자', '청화백자양각진사철채난국초충문병', '금동반가사유상', '금동신묘명무량수삼존불입상' 등의 이름인데, 이들 이름은 비록 한글로 쓰여져 있지만 어느 구석진 나라의 낯선 외국어보다도 더 어렵게 다가오니 학생들이 무슨 재미로 문화재를 깊이 있게 살펴보겠는가? 당연히 주마간산(走馬看山) 격으로 외형만 대강 보게 되는 것이다. 이러한 상황은 학생들에게만 국한된 상황이 아니다. 대부분의 한국 국민이 우리의 문화 유물을 이 정도의 수준에서 감상하고 있다. 이런 상황에서 민족 주체성이 확립될 리 없다. 물론 문화재의 이름을 너무 어렵게 한문 식으로만 붙인 잘못도 있다. 그 점도 시정해야 한다. 그러나, 한문이 아니고서는 제대로 이름을 붙일 수 없는 우리의 역사와 전통, 그리고 언어의 현실도 인정하고서 한자 교육을 강화해서 이런 문제들을 순리적으로 해결해야 한다. 예를 들자면, '반가사유상(半伽思惟象)'이라는 유물 명칭은 이미 학술적으로 그 명칭이 굳어져 있는데 이것을 일일이 한글로 풀어서 "한 쪽 다리만 무릎 위에 틀어 올리고 앉아 있는 자세로 생각에 잠겨 있는 부처님 꼴"이라는 이름을 붙일 수도 없는 노릇이 아닌가? 그렇게 다 풀어 쓸 수가 없는 까닭에 '반가사유상(半伽思惟象)'이라고 써 놓았는데 관람자들은 한문을 모르는 까닭에 그게 무슨 뜻인지 전혀 모르고서 그냥 '주마간산'격의 관람을 하고 있는 것이다. 도자기의 경우를 통해 다시 하나의 예를 보자. '시대-재질-제작기법-문양(紋樣)-형태'순으로 이름을 붙이는[71] 도자기에 대한 명명법은 이

미 하나의 규범으로 정착되어 그 규범을 한·중·일이 공통으로 인식함으로써 학술용어로 사용되고 있다. '청자진사연화문표형주자(靑磁辰砂蓮花紋瓢形注子)'같은 것이 대표적인 예이다. 그래서 박물관에 가면 도자기의 이름들이 다 이런 식으로 붙어있다. 그런데 한자를 모르는 사람의 입장에서 이 이름이 무슨 뜻인지를 알기란 결코 쉽지 않다. 아니 쉽지 않은 것이 아니라 어느 구석진 나라의 낯선 외국어보다도 더 어렵고 심지어는 무슨 암호와 같다는 생각이 들게 하기도 한다. 그렇다고 해서 이 도자기의 이름을 일일이 한글로 풀어서 "푸른색 자기 바탕에 물 모양을 띤 은과 유황을 섞어 만든 물질로 연꽃무늬를 그려 넣은 바가지 꼴의 물이나 술 따르는 그릇"이라고 이름지을 수도 없는 노릇이다. 이것은 설명이지 이름이 아니기 때문이다. 문제를 해결하는 방법은 결국 한자에 있다. 약간의 한자만 알면 다 해결될 문제를 일부러 한자 사용과 교육을 제한함으로 인하여 우리 국민들은 우리의 문화 유산에 대해서 이름조차 제대로 모르는 문외한이 되어가고 있는 것이다. 이처럼 우리의 문화 유산에 대해 이름조차 알 수 없는 상황에서는 민족 주체성은 결코 확립되지 않는다. 한자교육을 강화해서 우리의 문화 유산에 대한 내용과 가치를 중개적인 설명 과정이 필요 없이 직접보고 느끼거나 최소한 짐작이라도 할 수 있게 했을 때에 비로소 민족 주체성은 확립된다. 따라서, 한글 전용을 주장하는 사람들이 이 시점에 이르러서도 한글 전용을 해야만 민족의 주체성을 확립할 수 있다는 주장을 한다면 그것은 시대 착오적인 주장이 될 수밖에 없을 것이다.

---

71) 고제희, ≪누가 문화재를 벙어리 기생이라고 했는가≫, 다른 세상, 1999, p.126 참조.

9) "시대적 상황이 한글 전용을 요구하고 있다"는 주장은 정말 옛날 얘기입니다

　"시대적 상황이 한글전용을 요구하고 있기 때문에 한글을 전용해야 한다"는 주장이야말로 해방 직후로부터 6, 70년대에 이르는 시기에나 다소 설득력을 가졌던 주장이다. 당시 우리 사회에는 자생적으로 신문, 잡지, 소설, 교양 서적, 상호, 인명 등을 어려운 한자어에서 벗어나 쉬운 한글로 바꾸려고 하는 분위기가 형성되었었다. 한글 전용론자들은 이러한 분위기를 당시의 시대적인 상황으로 보고서 시대적 상황과 분위기도 한글 전용을 선호하는 방향으로 가고 있으므로 당연히 한글을 전용해야 한다고 주장하였었다. 뿐만 아니라, 한글 전용론자들은 해방 이후 새로이 전개되는 시대를 민주주의의 시대, 과학의 시대, 대중의 시대로 규정하고[72] "우리는 마땅히 시대의 요구인 대중의 지식 수준 향상을 위하여 이를(한글) 백 퍼센트 활용하지 않으면 안 된다. 곧 한글만 쓰기는 민주주의 시대정신의 절대적인 요구이다"[73] 고 주장하였다. 따라서, 이러한 주장은 그 당시에는 퍽 설득력이 있는 주장이었다. 당시에는 분명히 우리 사회에 필요 이상으로 어려운 한자나 한문식 표현을 즐겨 쓰는 풍조가 만연되어 있었고, 국민들의 한글에 대한 문맹율도 높아서 하루 빨리 한글을 보급해야 할 필요가 있었으며 문자 사용을 대중화할 필요가 있었다. 이에 따라, 사회의 곳곳에 이러한 어려운 한자를 벗어나 쉬운 한글로 표기하려는 움직임이 분명히 있었고 한글을 이용해 문맹을 퇴치하고 대중문화의 틀을 건설하려는

---

72) 최현배, 전게서, pp.16~19 참조.
73) 상게서 p.17

운동이 있었다. 그러나, 지금은 시대 상황이 완전히 바뀌었다. 이미 우리 국민들의 한글에 대한 문맹율은 거의 0% 수준에 이르고 있다. 이에 반해 우리의 원활한 문자생활을 위해 어쩔 수 없이 꼭 알아야 할 한자조차도 모르는 소위 '한맹(漢盲)'들은 속출하고 있으며74) 우리의 문화는 대중화되다 못해 지나치게 통속적이고 외설스런 저급문화가 판을 치고 있는 실정이다. 뿐만 아니라, 중국의 세계무대 등장과 세계무대에서의 주도적인 역할, 구미 국가들의 동아시아 한자문화권 국가에 대한 인정과 한자문화에 대한 관심, 국제통합한자코드의 제정 등 한자가 국제무대에서 국제적 문자로 부상되면서 세계는 바야흐로 한자를 배우려 들고 있는 실정이다. 이러한 상황에서 우리나라에도 각종 사설(私設) 한자・한문 교육기관이 날로 증가하고 있으며 각종 한자 학습서가 다양하게 출판되고 있다. 따라서, 지금은 시대적 상황과 사회적 환경이 오히려 한자교육과 한자사용을 요구하고 있는 형편이라고 할 수 있다. 그러므로, 시대적 상황이 한글 전용을 요구하고 있다고 하는 한글 전용론자들의 주장은 이제 전혀 설득력을 가질 수 없게 되었다.

---

74) 앞의 제1장 서론부분 주 2) 참고.

4. 작은결론
- 이제는 본원적 진지함을 추구해야 할 때입니다

－그간에 우리는 "실용적 편리함"과 "본원적(本源的) 진지함"이라는 견해차 때문에 그렇게 싸웠습니다. 이제는 본원적 진지함을 추구해야 할 때입니다. －

한글 전용론자들의 주장에 대해서 비판적으로 검토해 본 결과, 한글 전용론과 국한문 혼용론이 대립하고 있는 근본적인 쟁점의 소재는 "언어나 문자는 어원적 이해를 하기 위해 시간과 노력을 낭비할 필요 없이 현시적으로만 사용하면 그만이므로 어려운 한자를 배울 필요 없이 한글만 쓰면 된다"(한글 전용론)는 견해와 "언어 문자에 대한 진정한 이해는 어원적 이해로부터 비롯되는 것이므로 우리말 중의 70% 가량을 차지하는 한자어를 제대로 알고 사용하기 위해서는 어렵지도 않은 한자를 굳이 안 써야할 이유가 없다."(국한문 혼용)는 견해의 차이에 있다는 결론을 얻게 되었다. 이 견해차를 간단히 요약한다면, 한글 전용론자들은 '실용적 편리함'을 표방하고 있으며, 국한문 혼용론자들은 '진정한 실용의 의미에 대한 재고(再考)'와 '근원적 진지함'을 표방하고 있다고 할 수 있겠다.

 한글 전용론자들이 실용적 편리함을 주장한 것도 일리가 있는 주장이었고, 국한문 혼용론자들이 '근원적 진지함'을 내세운 것도 일리가 있다. 그런데, 해방 이후 한글 전용법 선포로부터 박정희 정부에 의해 한자 사용이 제한됨으로써 사실상 한글 전용정책이 고착화되기까지 그 기간은 우리 민족에게 '근원적 진지함'보다는 '실용적 편리함'이 더 매력 있어 보였고 더 필요한 주의(主義)로 여겨졌던 시기였다. 따라서 그 시기에는 한글 전용론자들의 주장이 국민적 지지를 보다 많이 얻을 수도 있었고, 또 실용을 추구하고 재빠른 경제 발전을 지상의 목표로 추구하였던 정부의 정책과도 부합되었으므로 정부 또한 한글 전용정책을 선택하게 되었다고 본다. 다시 말해서, 당시에 한글 전용정책이 선택된 것은 무엇보다도 '실용적 편리함'을 우선시 했던 당시의 시대적 상황에 편승한 것이었지 학문적으로 '진(眞)'이었기 때문이 아니라는 것이다.

 이렇게 선택된 한글 전용정책이 50여 년 간 시행된 지금, 곳곳에서 한글 전용의 병폐들이 나타나고 있고 한글 전용을 뒷받침했던 이론들이 학문적 '진'이 아니라 허구였음이 속속 증명되고 있다. 그리고 시대 또한 변하여 이제는 실용적 편리함에 지나치게 물들어 있는 우리 자신을 되돌아보고 보다 진지하게 삶을 설계해야 한다는 반성의 목소리가 높아지고 있다. "어떤 물이 됐건 빨리 가져다가 갈증을 풀고 공장을 돌리면 됐지, 그 물이 어디에서 어떤 과정을 거쳐서 오는지는 알 필요가 없고 그것을 알려는 데에 투자할 만한 시간적 여유도 없다"는 게 한글 전용정책을 고안하고 확정하던 시기의 논리였다면, 지금은 "음수사원(飮水思源) - 물 한 모금을 마시더라도 그 근원을 생각하고,

주변의 환경을 생각하고, 그 물을 공급해 준 이웃을 생각하자"는 식의 근본에 충실하고자 하는 논리가 자기반성의 분위기와 함께 사회 전반에 퍼져가고 있다. 이제 고속 성장 위주의 실용 만능에서 벗어나 보다 진지하게 근원을 생각해야 할 때다. 우리의 어문정책도 미래에 대한 큰 안목을 갖지 못한 채 눈앞의 실용만을 우선적으로 추구했던 한글전용으로부터 벗어나 보다 근원적인 차원에서 그리고 실용을 보더라도 보다 거시안(巨視眼)적인 실용을 보는 눈을 가지고 하루 빨리 국한문혼용으로 돌아와야 한다고 생각한다. 그것이 우리나라와 우리민족의 장래를 보다 더 풍요롭고 아름답게 하는 길이기 때문이다.

  이제, 우리나라의 어문정책은 바뀌어야 한다. 어떤 형태로든 지금보다는 한자의 사용과 교육을 강화해야 한다. 인위적인 한글 전용정책으로 문자 사용을 통제할 것이 아니라, 필요에 따라 한글로만 써도 충분한 부분은 적극적으로 우리 한글의 우수성을 살려 한글로 쓰고, 한자를 병기하거나 혼용해야 할 필요가 있을 때는 그렇게 쓰도록 해야 하고 또 그렇게 가르쳐야 한다. 우리는 한글 전용정책 시행 50여 년의 결과로 잃은 것이 너무나 많다. 우리의 문화가 너무나도 많이 망가졌다. 문화 회복의 차원에서라도 일단 어떤 형태로든 한국에서의 한자 사용과 교육은 강화되어야 하는 것이다.

제2부
한글전용정책을 폐기해야할 이유가 또 있습니다

제1부 「국한문 혼용론과 한글전용론」의 글을 통하여 한글 전용론자들의 주장에 대해 비판적인 검토를 함으로써 이미 한자 사용을 강화해야 할 이유가 명백하게 드러났다. 이제, 한편으로는 제1부에서 언급한 바를 보다 구체화하고, 또 한 편으로는 지금까지 한자 사용을 강화해야 한다는 주장을 해온 전배(前輩) 학자들의 주장 중에 미처 언급되지 않은 부분을 찾아 특별히 언급함으로써 현 한국 사회에서 한자 사용을 보다 더 강화해야함은 물론 한글전용이라는 어문정책을 폐기해야하는 이유를 밝혀 보도록 하겠다.

1. 한자에는 한글에서 볼 수 없는 많은 장점이 있습니다

1) 한자는 동음이의어(同音異義語)를 식별하는 데에 반드시 필요합니다

 우리말의 동음이의어 식별을 위해서는 한자 사용이 불가피하다는 국한문 혼용론자들의 주장에 대해 한글 전용론자들은 전혀 그렇지 않다고 반박한다. 우선, 국한문 혼용을 주장하는 사람들의 주장을 보기로 하자. 그들은 우리말 중의 동음이의어를 가능한 한 많이 예시하려고 노력한다. 그들은 '사기'라는 말의 동음이의어를 다음과 같이 제시한 바 있다.

 사기 - 士氣, 仕記, 史 : 記(長音), 史記(단음), 四氣, 寺基, 死期, 沙器, 史期, 使氣, 社基, 社旗, 事記, 事機, 射技, 射騎, 詐欺, 肆氣, 辭氣, 詞氣, 射器, 邪氣, 私記, 些技, 社紀(25 어휘)[1]

 이에 반해 한글 전용론자들은 이러한 많은 동음이의의 어휘뿐만 아

---

1) <한자교육자료> 3 , 전국한자교육총연합회. 실지로 이 어휘들은 ≪새 우리말 큰사전≫(신기철, 신용철 편, 三省출판사)을 비롯한 현행 국어사전에 다 수록되어 있다.

니라, 우리말에서의 한자어휘가 차지하는 비율 자체에 대해서 의혹을 제기한다. 그들의 주장을 풀어 써 보자면, "수다한 한자말은 진정한 우리말이 아니요, 다만 순 한문만으로 문자 생활을 해오던 과거 수백 년 동안에 어느 한문책에 나타났던 것"[2]을 국어사전에 다 실어 놓았기 때문에 사전 상에는 한자말이 많이 수록되어 있지만 대부분이 다 죽은 말이고 실지로 쓰이는 말은 그다지 많지 않다'는 것이다. 위의 '사기'라는 어휘 가운데 들어 있는 '寺基'(절 터), '仕記(옛 제도의 하나, 仕進記)', '使氣(자신의 기세를 부림)', '事機(일의 기틀)', '射技(활 쏘는 재주)', '射騎(활쏘기와 말타기)', '射器(활쏘기 도구)', '些技(변변치 못한 기예), 등이 그러한 예에 속하는 어휘들일 것이다. 그러나, 한글 전용론자들의 그러한 주장도 바른 주장은 못 된다. 사전에 수록된 어휘이기는 하지만 일상생활에서 잘 안 쓰이는 말로 치자면 순수 우리말도 그 숫자가 적지 않기 때문이다. 그렇지만, 설령 한글 전용론자들의 주장이 바른 주장이 아니라고 하더라도 그들의 주장에 일리는 있다고 보고 한글 전용론자들의 주장대로 거의 쓰지 않는 한자어를 제거하고 또 풀어쓰기가 가능한 한자어는 다 풀어쓰기를 시도해 보도록 하자. 만약 그렇게 하고서도 동음이의어 문제가 해결되지 않는다면 한글 전용론자들은 더 이상 억지를 부리지 말고 우리 사회에서 한자를 사용해야 할 필요가 있음을 인정해야 할 것이다. 우선 위에서 제시한 잘 안 쓰는 말은 제하고 나머지 중에서 '死期'는 '죽은 때'로 바꾸고, '史記'는 '역사 기록'으로 바꾸며 '社基'는 '회사의 바탕, 혹은 기반', '社紀'는 '회사의 기강', '社旗'는 '회사의 깃발' 등으로 풀어 쓰며, '事記'는 '일

---

2) 최현배, 한글만 쓰기의 주장, p.103.

의 기록'으로, '私記'는 '개인 기록'이라는 말로 풀어 쓴다고 하더라도[3] 나머지 '士氣(사기가 충천한다는 의미의 사기)', '史∶記(사마천이 지은 사기라는 역사책)', '四氣(계절의 변화에 따라 나타나는 네 가지 기운)', '沙器(그릇)', '詐欺(속임)', '肆氣(방자한 기미)', '辭氣(辭色, 말하는 이의 말기운과 얼굴색)', '詞氣(문장에서 풍기는 분위기)', '邪氣(좋지 못한 사특한 기운)' 등은 어쩔 수 없는 동음이의어로 남아야 한다[4]. 그러나, 한글전용론자들은 이러한 문제에 대해서도 앞뒤 문맥을 통해 어휘의 의미를 쉽게 파악할 수 있으므로 전혀 문제가 되지 않는다고 한다.[5] 물론 문맥을 통해 뜻을 구별할 수 있는 경우도 많이 있다. 그러나, 그렇지 않은 경우도 얼마든지 있을 수 있다. 앞장에서 살펴본 바[6], 최현배가 사용한 '언어는 현시적으로 사용된다"는 말에서의 '현시'가 바로 그러한 예이고 또, "언어는 평판적으로 사용된다"는 말에서의 '평판'이 바로 그러한 예이다. 아무리 전후 문장을 잘 살펴보아도 '現時'인지, '現示'인지 아니면 '顯示"인지 확실한 구분이 안되고 '平版'인지 '平板'인

---

[3] 사실, 회사(會社), 기반(基盤), 기강(紀綱), 기록(記錄) 등이 모두 한자어이기 때문에 엄밀하게 말하자면 풀어 쓴 것도 아니다.
[4] 이 어휘들의 뜻을 설명하기 위해 필자가 국어사전을 참고하여 ( )안에 간단한 풀이를 해보았지만 그러한 풀이만으로 이 어휘를 이해했다고 생각하면 큰 오판이다. 이 어휘들을 한자로 써 놓고 보았을 때, 각 한자의 의미를 순간적으로 조합하고 또 그렇게 순간적으로 조합된 단어를 순간적으로 보면서 느끼는 어감이나 의미는 통째로 머릿속에 하나의 상으로 형성되어 나타나는 것이지 어쩔 수 없이 풀어 써 놓은 단편적인 해석을 통해 이해되는 것이 아니다. 그러므로, 표면적으로는 ( )안의 설명과 같이 쉬운 말로 풀어 쓰면 될 것 같아도 그 단어가 가지고 있는 본래의 함축적인 의미를 통째로 다 수용하기 위해서는 한자어 그 자체를 그대로 쓸 수밖에 없다. 그러므로, 이 8개 어휘는 끝내 동음이의어로 남을 수밖에 없는 것이다.
[5] 최현배, 한글만 쓰기의 주장, p.47 참조.
[6] 주 60), 61), 62) 63), 64) 참고.

지 '評判'인지 잘 구분이 안되기 때문이다. 그처럼 문맥으로 보아도 어떤 뜻인지 알 수 없는 까닭은 '現時', '現示', '顯示' 중 어느 것을 써도 문맥이 통하고, '平版', '平板' 중 어느 것을 써도 문맥이 통하기 때문이다. 이러한 경우는 실로 허다하다. 신문의 기사 제목에서 흔히 볼 수 있는 '청소년들의 성적 고민', '한국 문화의 정체성' 등이 바로 그러한 예인데, '成績'고민인지, '性的'고민인지 알 수가 없고, '正體性'인지 '停滯性'인지 알 수가 없다. 또 필자가 직접 경험한 바에 의하면, T.V 뉴스의 표제로 사용된 말 중에 '인터넷 거부'[7]라는 말이 있었는데 '拒否'인지 '巨富'인지 구분이 안되어 '拒否'일 것이라고 생각하고서 뉴스를 한참 듣다보니 '拒否'가 아니라, '巨富'인 적도 있었다. 그리고, 1999년 12월 11일을 전후한 시기에 신문과 방송에서 떠들썩하게 다루었던 '노조 전임자'문제도 '前任者'인지 '專任者'인지 구별할 수 없는 말이었다. 사건의 개요를 한참 들여다 본 연후에야 그것이 '專任者'를 의미하는 줄을 알게 되었다. 이러한 동음이의어 문제를 해결하기 위해 한글 전용론자들이 일관되게 제시한 의견이 바로 풀어쓰기이며 그 대표적인 예가 곧 '방화(放火)'와 '방화(防火)'이다. 한글 전용론자들은 '放火'는 '불내기'로, '防火'는 '불막기'로 풀어 써서 혼동의 난점을 면하고 또 우리말 스스로의 발달을 꾀함이 당연하다."[8]고 주장한다. 참으로 옳은 말이다. 풀어써서 의미의 손상도 없고 뜻 구별도 가능하며 말도 별로 길어지지 않는다면 우리말로 풀어쓰는 것이 당연히 옳다. 그러나, 상황을 보자. 한글 전용론자들이 '불내기' '불놓기'라는 말을 제시한지 50여 년이 지났지만 지금도 여전히 '방화범'란 말을 더 사용

7) 2000년 1월 13일 밤 9시 MBC 뉴스 데스크.
8) 최현배, 한글만 쓰기의 주장, P.46.

하지 '불내기 범인', 혹은 '불내기라는 나쁜 짓 한 사람'란 말은 거의 아무도 사용하지 않는다. 이것이 바로 언어의 사회적 '약정속성(約定俗成)'성이다. 따라서, 아무리 풀어쓰더라도 한자가 아니고서는 우리의 언어 생활에 곳곳에서 수시로 나타나는 동음이의어 구분 문제를 시원하게 해결한 다른 방법이 없음을 인정하고 한자의 교육과 사용을 강화하도록 해야 한다.

2) 새로운 단어를 만드는 데에는 한자가 최고입니다

한자는 한글에 비해 조어력이 뛰어나다. 조어력이란 단어를 만드는 힘으로서 한자의 가장 큰 장점 가운데 하나이며 이 점에 있어서는 한글이 미칠 바가 못 된다. 교육용 기초한자 1,800 자를 조어소로 하여 형성되는 단어 수는 98,504개로 약 10만개에 달하는 단어가 조성될 수 있는 것이다.9)

한글과 한자의 조어력을 비교해 보기 위해 한 예로 한글 '쇠'와 한자 '鐵'이 만들어내는 단어(어두에 쓰이는 경우)를 살펴보면 다음과 같다.10)

〈표 9〉

造語素	名詞	俗語	地名	方言	專門語	古語	制度	形容詞	動詞 古語	計
쇠	45	1	1	6	6	10	1		4	74
鐵	145		13	2	53		5	1		219
計	190	1	14	8	59	10	6	1	4	293

위의 표에 의하면 한자 '鐵'이 한글 '쇠'보다 약 3배의 조어력을 지니고 있다. 물론 한글을 이용한 조어도 가능하고 한글의 조어력도 인정한다. 따라서 한글을 이용한 순 우리말 조어를 적극 권장해야 한다. 그리고, 그 동안 한글 전용을 주장하는 사람들에 의해서 정감 어린 우리말이 많이 개발되고 한글 조어도 활발하게 진행되는 것을 반갑게

---

9) 《한자는 왜 알아야 하는가? 국한문 혼용의 당위성》, 한자교육진흥회, 1992, p.230.
10) 梁堯生, <漢字表記語와 한글表記語의 情緖意味 比較硏究>, 《語文硏究》 27호, 一朝閣, 1980, p.373.

여긴다. 나들목(인터 체인지), 동아리(써클), 건널목, 흰피톨, 붉은 피톨 등 쉬운 우리말을 찾아 쓰려는 노력이 좋아 보인다. 그러나, 현실적으로 한자를 이용한 조어가 더 편하고 더 정확할 경우에는 한자를 이용한 조어를 꺼릴 필요도 없고 한자의 조어력을 애써 부정할 필요도 없다. '유기농(有機農)', '유가공(乳加工)', '육가공(肉加工)', '유산소(有酸素) 운동(에어로빅)', '세계화(世界化)', '동영상(動映像)', '쓰레기 종량제(從量制)' 등 비교적 근래에 자주 쓰이거나 새로이 만들어진 이 단어들은 우리가 한글과 한자를 함께 사용함으로 인하여 누릴 수 있는 복(福)을 대변할 만큼 편리한 신조 어휘들이다. 한자의 매우 큰 조어력은 우리의 언어 생활을 이처럼 편리하게 하고 있는 것이다.

3) 말을 줄여 쓰는 데에도 한자가 꼭 필요합니다

한자는 한글보다 축약력도 매우 강하다. 한자를 이용하여 어떤 말의 일부분을 생략하여 간결하게 만들었을 경우, 그렇게 간결하게 축약하더라도 어형(語形)의 길이만 짧아질 뿐 생략된 부분의 의미가 잔존하는 나머지 축약형에 들어있어서 그 말의 원래 의미에는 변화가 없는 것이다. 이처럼 언어를 축약하여 쓰려고 하는 것은 일종의 언어 경제 현상이어서 최소의 노력에 의한 최대의 의미전달 효과를 나타내려는 인간 본능의 현상이다.[11] 한자의 축약력은 속도를 중시하는 현대에 신속성을 얻을 수 있어서 아주 유용하다. 축약력을 발휘해 만들어진 축약어(縮略語)들의 예를 들어 보면, 농업협동조합(農業協同組合)→농협(農協), 안전보장(安全保障)→안보(安保), 이화여자대학교(梨花女子大學校)→이대(梨大), 국어국문학과(國語國文學科)→국문과(國文科), 아세아문제연구소(亞細亞問題硏究所)→아연(亞硏), 한국전력공사(韓國電力公司)→한전(韓電), 노동조합(勞動組合)→노조(勞組) 등을 들 수 있다. 요즈음 한글 세대들은 한글을 이용해서도 축약을 시도하고 있다. 컴퓨터 통신상에 자주 등장하는 '안냐'(안녕 하세요), '겹다'(귀엽다), '앤'(애인), '어솨라'(어서 와라), '즐팅하세여'(즐겁게 채팅하세요) 등이 그러한 예인데 이러한 경우는 축약을 하고 나면 축약형에 잔여 성분이 남아 있지 않아서 일정 기간의 유행이 지나고 나면 사라지는 속어성 유행어에 불과하다. 그러므로, 특별한 경우 외에 한글을 이용한 축약은 진정한 의미의 축약이라고 할 수 없다. 언어를 축약해서 사용함에도 불구하

---

11) 李乙煥, <漢字語의 意味論的 特性>, 《語文硏究》제18권 제1·2호, 一朝閣, 1990, p.168.

고 축약한 말속에 축약하기 전의 원래 의미가 잔존하고 있음으로 인하여 시간이 가고 유행이 지나고 난 후에도 축약어를 통하여 원래의 의미를 얼마든지 확인할 수 있는 축약, 이러한 축약은 한자어에서만 가능하다. 이 점은 뜻글자인 한자가 가지고 있는 우수한 기능인 것이다. 이처럼 경제적이면서도 효율적인 축약을 할 수 있는 한자를 우리의 한글과 더불어 사용할 수 있다는 것은 참으로 큰복이다. 이제 억지를 부려가며 그 복을 거부할 것이 아니라, 깨인 눈과 열린 마음으로 필요한 만큼 한자를 사용하여 우리가 누릴 수 있는 복을 다 누림으로써 그 복을 바탕으로 우리의 문자 생활을 보다 편리하게 하고 나아가 찬란한 우리 문화를 건설해야 할 것이다.

4) 의미를 보존하는 힘에 있어서는 한글이 한자를 따를 수 없습니다

　음성언어가 있음에도 불구하고 우리가 부호언어인 문자를 사용하는 까닭은 무엇보다도 시간성과 공간성이 확보하기 위해서이다. 다시 말해서 우리는 문자언어를 사용함으로써 음성언어를 기록하여 시간적으로 장구한 기간동안 보존하고 공간적으로 목소리가 미치지 못하는 다른 지역까지 전파할 수 있는 것이다. 그런데 이 시간성과 공간성의 확보라는 측면에서 비교해 보면 표의문자는 시간과 공간의 제약을 적게 받는데 대하여 표음문자는 제약을 많이 받는다. 우선 문자 활용의 시간성에 대해서 살펴보기로 하자. 한자를 사용해 온 중국에서는 한자가 뜻을 담고 있는 뜻글자 즉 표의문자이기 때문에 2000여 년 전의 진·한(秦·漢)시대의 문장은 물론 약 3400년 이전 시대인 은(殷)나라 때의 갑골문자(甲骨文字)도 오늘날 한자만 알면 어렵지 않게 해독할 수 있는데, 음만 기록하는 표음문자인 영문자인 경우에는 불과 400년도 채 못된 셰익스피어의 원작원고나 초판본 문장마저도 별도의 연구와 훈련이 없이는 글자는 읽을 수 있어도 그 의미는 쉽게 파악할 수가 없다. 한글로 된 문장도 마찬가지다. 훈민정음 서문이나, 용비어천가 등 한글 창제 당시의 한글 문헌들을 보았을 때 글자는 소리대로 읽을 수 있을지 모르나 읽고서 그 뜻이 무엇인지는 알기가 쉽지 않다. 그 뜻을 알기 위해서는 별도의 학습과 연구가 필요하다. 그러나, 한자로 쓰여진 문헌들은 글자만 알면 아무리 오래된 글이라도 누구나 쉽게 그 의미를 알 수 있다. 예를 들자면, "나랏말쏘미 듕귁에 달아……."라는 글은 보고서는 읽을 수는 있을지라도 별도의 해설을 듣지 않는 한 그것이 무슨 뜻인지 알 수 없지만 한문으로 쓰여진 "國之語音, 異乎中

國(국지어음, 이호중국)……"은 한자만 알면 의미는 누구라도 알 수 있는 것이다. 이처럼 표음 문자가 시간 앞에서 원래의 의미를 잘 보지(保持)하지 못하고 무력하게 변해 버리는 반면에 표의 문자인 한자는 장구한 시간 앞에서도 변함 없이 그 의미를 보지하고 있는 까닭은 바로 표의 문자의 시공을 뛰어 넘는 의미 보존력 때문이다. 소리글자는 불과 몇 십 혹은 몇 백년의 시간의 흐름에도 그 사이에 일어난 음운의 변천 때문에 옛 기록을 오늘날에 와서 표음기록대로 읽을 수는 있어도 그 뜻은 알 수 없는 것이다. 그러나, 표의 문자인 한자는 예나 지금이나 그 뜻을 그대로 보지하고 있어서 오늘날에 이르러서도 옛 뜻 그대로 의미를 파악할 수 있는 것이다.

또한 한자는 어느 지방의 어떤 방언에도 영향 받지 않고 그 의미를 표현할 수 있기 때문에 문자 활용의 공간성을 어느 문자보다도 확실하게 확보할 수 있다. 중국의 경우를 보자면, 국토의 면적이 넓은 만큼 방언의 차이가 심해서 음성언어로는 심지어 '밥먹다'라는 말마저도 서로 통하지 않을 정도로 방언이 많고 그 방언의 차이가 심하지만, 그 방언을 표의문자인 한자로 써 놓았을 경우에는 어느 지역의 누구라도 그것이 '밥먹다'라는 의미라는 것을 알 수 있게 된다. 예를 들자면, 표준 중국어에서는 '밥먹다'를 '츠판(chifan)'이라고 하고 대만 지방의 사투리인 민남어(閩南語)에서는 '밥먹다'를 '잡뺑'이라고 하기 때문에 표준어만 하는 사람이 대만 지역에서 사용되는 민남어를 들었을 경우에는 도저히 알아들을 수가 없고 또 그 말을 소리나는 대로 표음을 해 놓는다 해도 그 표음만 보고서는 전혀 무슨 뜻인지 알 수가 없다. 그러나 표준어를 사용하는 지역이든 대만의 사투리를 사용하는 지역이든 간에 그 말을 적는 문자는 다같이 한자라는 표의문자를 사용하기 때문에 문자를 통한 의사 소통에는 아무런 문제가 없다. 다시 말해서 '츠판(chifan)'이라고 말하는 지역의 사람이건 '잡뺑'이라고 사투리로 말하는 지역의 사람이건 간에 '밥먹다'라는 의미를 문자로 써서 나타낼 때에는 다 같이 '吃飯' 라고 쓰기 때문에 문자를 통한 의사 소통에는 전혀 문제가 없는 것이다. 이 점이 바로 한자가 가지고 있는 우수한 공간성이다. 한자가 가지고 있는 이 우수한 공간성 때문에 중국은 그 오랜 역사 동안 그 넓은 지역을 통일 국가로 유지할 수 있었다. 이러한 예는 우리 한국에서도 찾을 수 있다. 제주도 사투리의 경우를 보자. 제주도의 방언을 본래 방언의 소리 값대로 표음문자인 한글로 표기하여 놓으면 제주도 이외의 사람들은 표음기록대로 읽을 수는 있어도 그 뜻은 알 수 없다. 그러나, 한자를 이용하여 기록해 놓으면 그 기록을 볼 수 있는 한자 능력만 갖추면 누구라도 그 뜻을 알아 볼 수 있다. 중국을 기록의 나라라고 할 정도로 과거에 대한 기록이 풍부하게 남아 있는 것은 순전히 한자가 가지고 있는 그 특유의 시·공을 초월하는 의미 보존력 때문이다. 이 점은 소리글자를 아무리 잘 운용해도 미치지 못할 바로써 한자가 가지고 있는 가장 큰 장점이라고 할 수 있다. 이러한 장점을 가진 한자를 우리의 한글과 조화를 이루어 사용한다는 것은 그야말로 복이다. 세계 어느 지역에도 이러한 복을 누릴 수 있는 나라나 민족은 없을 것이다. 이런 점에서 한자 교육과 한자 사용은 반드시 강화되어야 한다.

5) 표음문자와 표의문자를 섞어 쓰면 이렇게 이롭습니다

현재 알려진 지구상의 언어는 약 3,000종이라고 하며, 문자의 종류는 약 400종 정도라고 한다12). 이 400여 종의 문자는 크게 표음문자와 표의문자의 두 부류로 나눌 수 있다.

표음문자와 표의문자의 차이점은 자형의 번간(繁簡), 글자수의 다소(多少), 학습의 난이 등 여러 가지가 있겠으나, 본질적인 차이점은 표의문자는 매 글자마다 형·음·의(形·音·意)의 3요소를 갖추고 있는데 대하여 표음문자는 형과 음 2요소만을 가지고 있을 뿐, 의(意)의 요소는 가지고 있지 않다는 점이다.13) 그러므로, 두 문자 사이의 장단점을 피상적으로 비교하면 형·음·의의 3요소를 구비하고 있는 표의문자는 학습하기가 어렵고, 형·음의 2요소만을 가진 표음문자는 학습하기가 쉬운 것으로 여기기 쉽다. 그러나, 한자는 결코 배우기 어려운 글자가 아니다.14) 게다가 앞서 보았듯이 표의 문자인 한자는 동음어 식별력, 조어력, 축약력, 의미 보존력 등 각 방면의 활용 면에서 표음문자인 한글보다 훨씬 우수하다. 따라서 세계에서 가장 우수한 소리글자인 한글과 가장 발달된 뜻글자인 한자를 함께 사용할 수 있는 여건과 역량을 갖춘 우리는 언어 생활에서 엄청난 이 점을 가지고 있다고 할 수 있다. 우리는 필요에 따라 한글만으로 써야 할 때는 한글로 쓰고, 한글과 한자를 혼용해야 보다 더 효과적인 문자 생활을 할 수 있

---

12) 李應百, <韓·中·日의 漢字敎育>, ≪第2回 21世紀 漢字文化圈內 生活漢字問題 國際討論會≫(國際漢字振興協議會·建榮育英財團, 1994), p.82.
13) 陳泰夏, <東方文化圈에 있어서 漢字使用의 新方向>, ≪自由 223≫,自由社, 1992, p.73.
14) 本書 제1부 한글 전용론자들의 주장에 대한 비판 중에서 한자의 난해성에 대한 비판 부분 참조.

다고 생각되는 부분에서는 한글과 한자를 혼용해서 쓴다면 결과적으로 두 종류 문자의 장점만을 취해서 쓰게 되어 문자 활용의 이상 국가가 될 수 있을 것이다.

표의문자인 한자만을 사용하는 중국에서 한자의 단점을 보완하기 위하여 표음문자인 로마자나 한글을 전 국민이 배워 쓴다는 것은 불가능한 일이며, 영국이나 미국에서 표음문자인 로마자의 단점을 보완하기 위하여 이제 새삼 전 국민이 한자를 배워 쓴다는 것도 불가능한 일이다. 그러므로 한자만을 쓰는 중국이나, 로마자만을 쓰는 구미 제국에 있어서는 각기 쓰는 자기 나라 문자의 미흡한 점을 보완할 길이 없다. 문자 활용의 여건이 우리나라와 비슷한 나라로 일본이 있지만, 일본의 '가나'는 가나만으로는 문자의 완전한 구실을 할 수 없고, 반드시 현실적으로 한자와 혼용해야 하는 문자이다. 다시 말해서, 일본의 경우에는 표음문자와 표의문자를 함께 쓸 수 있는 여건을 가지고 있다는 점에서는 우리와 비슷하지만 '가나'문자가 우리 한글의 우수성을 따라 올 수 없는 불완전한 문자이기 때문에 그들이 한자를 사용하는 경우를 결코 우리와 동일시 할 수 없다는 것이다. 따라서 이미 일찍부터 표의문자로서 가장 발달한 한자와 표음문자로서 가장 발달한 음소문자인 한글을 겸비하고 있는 우리 한국은 문자 활용의 이상국(理想國) 중에서도 최 이상국이라고 자부할 수 있는 것이다. 훈민정음을 창제한 세종대왕의 뜻도 한글과 한자를 혼용함으로써 이러한 문자활용의 이상을 구현하고자함에 있다는 의견이 있음을 간과할 수 없을 것이다. 이 점에 대해서 최창규(현 성균관 관장)는 다음과 같이 말하였다.

솔직히 원래 세종대왕께서 한글 전용을 말씀하셨습니까? 결코 그렇지 않습니다. 우리가 가지고 있는 우리들의 고유한 문자체계인 한자, 이것이 우리 문화 생활의 대부분인데 이것이 다만 음운체계하고 맞지 않아서 음운체계도 거기에 맞는 체계로 창제한 것이 바로 한글이고, 국한문 혼용을 전제로 해서, 이 한문과 국문의 조화 속에서의 민족의 문화적 역량을 최대화한 것이 세종대왕의 업적이 아닙니까?[15]

이제, 보다 더 편리하면서도 깊이 있게 누릴 수 있는 문자 생활을 스스로 정한 한글 전용이라는 정책의 사슬에 매여 애써 거부할 필요가 없다. 한 때 시대적 상황으로 인하여 잘못 선택한 문자 정책에 대해 그 정책이 잘못된 것인 줄을 알면서도 그 정책의 타성에 매이거나 그 정책의 입안자들을 추종하는 세력들의 반발로 인하여 정책을 수정하지 못한다면 이 시대의 우리는 민족사에 커다란 죄를 짓는 꼴이 되고 말 것이다. 하루 빨리 한자의 사용과 교육은 강화되어야 한다.

---

15) 최창규, <한자교육과 전통문화>, ≪한글＋한자문화≫창간호(1999.8) p.32.

2. 우리의 현실적 문자생활을 돌아보세요. 한자를 안 쓸 수 있겠나

1) 우리말 어휘의 실정 - 국어 속의 한자어 비중은 이렇습니다

통계를 통하여 국어 속에 자리하고 있는 고유어와 한자어의 구성비를 살펴본다면, 왜 한자 사용을 강화해야 하는지 그 이유가 보다 더 분명해 질 것이다. 이 방면의 통계는 이응백이 이미 자세하게 정리한 적이 있다.16) 이응백이 조사하여 작성한 통계를 제시하면 다음과 같다.

〈표 10〉 1957년 한글학회에서 펴낸 ≪큰사전≫에 수록된 어휘 분석

구 분	큰 사 전 말 수			
	순우리말	한 자 말	외 래 어	모 두
표 준 말	56,115	81,362	2,987	140,464
사 투 리	13,006			13,006
고유명사	39	4,165	999	5,203
옛 말	3,013			3,013
이 두	1,449			1,449
마 디 말	990			990
모 두	74,612	85,527	3,986	164,125
百 分 率	45.46%	52.11%	2.43%	100%

---

16) 이응백, ≪자료를 통해본 한자・한자어의 실태와 그 교육≫, 아세아 문화사, 1988, pp.699~704.

〈표 11〉 이희승 선생의 ≪국어대사전≫(민중서관 1961년 발행)에 수록된 어휘 분석

類 別	固有語①	漢字語②	外來語③	固+漢④	固+外⑤	漢+外⑥	其他⑦	計
語 數	34,272	142,876	13,847	12,072	147	4,047	17,942	225,203
百分率	15.22%	63.44%	6.15%	5.36%	0.07%	1.79%	7.97%	100%

이응백의 설명에 의하면, "이 표에서 ⑦에는 방언, 옛말, 속어, 이두 등 ①에서 ⑥까지의 범주에 들지 않는 모든 어휘를 포괄시켰다. 또한 ≪큰사전≫의 처리방식에 따라 ⑦은 고유어에 흡수시켰고, 그 외에 다시 고유어에 ④와 ⑤의 반수(半數)를, 한자어에는 ④와 ⑥의 반수를, 외래어에는 ⑤와 ⑥의 반수를 흡수시켜 다시 고유어와 한자어, 외래어의 비율을 내었으니, 다음의 <표12>와 같다."고 한다.

〈표 12〉

類 別	固 有 語	漢 字 語	外 來 語	計
語 數	58,323.5	150,935.5	15,944	225,203
百 分 率	25.9%	67.02%	7.08%	100%

이 표에 의하면 ≪국어대사전≫이 ≪큰사전≫보다 어휘수가 61,078 자가 늘었는데, 그 대부분은 한자어로 65,408.5 자나 늘어났고, 외래어에서도 11,958 자가 늘어났다. 그리하여, 한자어가 국어 어휘의 67%를 차지하고 있다. 이에 대하여 이응백은 ≪국어대사전≫이 ≪큰사전≫ 이후 부각된 많은 학술어와 전문용어를 흡수하였는데, 그 대부분이 모두 한자어로 되어있기 때문이라고 설명하였다.[17] 이어서 이응백은

---

17) 이상 이응백의 조사와 분석은 <국어사전 어휘의 유별 구성비로 본 한자어의 중요도와 교육문제>라는 제목으로, ≪어문연구≫제 25, 26 합병호

국어 유별 구성비를 <표12>의 통계에 그치지 않고, 다시 검토하였다. 그 이유는 사전의 표제어로 든 명사 가운데 '-히'나 '-히다'가 붙어, 부사나 동사, 형용사로 파생되는 어휘가 상당수 있기 때문이었다. 즉, '먹다'에서 파생된 '먹이, 먹이다, 먹히다'를 다 독립된 표제어로 사전에 수록하는 데 비추어 본다면, 명사에 '-히'나 '-히다'가 붙어 다른 품사로 파생되는 어휘들도 당연히 독립적으로 수록될 자격이 있는 것이다. 따라서 이 파생어들을 <표12>에 합쳐 통계 내었는데 그 결과는 다음의 <표13>과 같다.

〈표 13〉

類　　　別	固有語	漢字語	外來語	計
標題語數	58,323.5	150,935.5	15,944	225,203
'-히,-히다'系派生語數	4,589	27,810	252	32,651
計	62,912.5	178,745.5	16,196	257,854
百　分　率	24.4%	69.32%	6.28%	100%

이러한 통계를 토대로 이응백은 한자어는 國語 어휘의 약 70%를 차지하며, 이것은 고유어의 약 3배가 된다고 하였다.

그렇다면, 《국어대사전》이 出刊된지 30년 이상이 지난 현재 국어사전의 국어 유별 구성비는 대략 어떠할까. 1991년 삼성문화사에서 出刊된 《국어대사전》을 이용하여 조사한 국어의 유별 구성비를 살펴보도록 하자. 약 천 단어 정도[18]만 선정하여 표본조사 하였다. 분석방

　에 게재되었다가, 후에 이응백이 상게서를 출판하면서 이 논문도 수록하였다.
18) 標題語와 '-히,-히다'係 派生語까지 합치면 정확히 1408字이다. 이 어휘들은 삼성문화사의《국어대사전》에서 각 字音마다 임의로 한페이지씩을

법은 이응백이 사용한 방법과 같은 방법을 썼다. 조사 결과는 <표 14>와 같다.

〈표 14〉

類　別	固有語	漢字語	外來語	係
標題語數	100	982.5	195.5	1278
ʻ-히,-히다ʼ係〕派生語數	7.5	113.5	9	130
計	107.5	1096	204.5	1408
百 分 率	7.64%	77.84%	14.52%	100%

이 표에 의하면, 한자어는 1408개의 단어 가운데 1096개로, 77.9%를 차지하고 있다. 또한 전문용어[19]는 모두 533개인데, 그 중 고유어는 18개, 한자어는 398개, 외래어는 117개를 차지하고 있다. 따라서 <표 13>과 <표14>에 근거하여 보면 학술용어, 전문용어 등 고급개념의 어휘는 거의 전부가 한자어로 이루어져 있다고 할 수 있다. 이러한 한자어를 한글로 기록했을 경우 의미 전달이 어렵다는 것은 자명한 일이다. 물론, <표14>는 표본조사에 근거하여 작성된 것이므로 보다 더 정확한 통계는 ≪국어대사전≫에 수록된 전 어휘를 조사해야 알 수

골라서 얻어낸 어휘들이다. 그 페이지수는 다음과 같다. p.321, 552, 722, 823, 977, 1169, 1451, 1769, 2569, 2699, 2815, 2851, 2963, 3175.

19) 삼성문화사 ≪국어대사전≫의 분류를 따른 것으로, 다음의 전문분야에서 쓰이는 용어들이다. 즉, 카톨릭교, 건축, 경제, 고적, 고고학, 고제도, 곤충, 공업, 공예, 광물, 광업, 교육, 군사, 불교, 사진, 사회, 생리, 생물, 수학, 식물, 신화, 심리, 기독교, 기계, 기상, 논리, 농업, 대종교, 동물, 무용, 문학, 물리, 미술, 민속, 법률, 야금학, 약학, 어류, 연극·연예, 예술, 유교, 윤리, 음악·악기, 의학, 인류학, 인쇄·제보, 전기, 전자공학, 정치, 조개, 조류, 종교, 지리, 책명, 천도교, 천문, 철학, 체육,컴퓨터, 토목, 한의학, 항공, 항해·해사, 핵물리학, 화학분야이다.

있을 것이다. 그러나, 이희승 선생의 《국어대사전》이 출간된 이후 30년의 기간 동안에 분명히 한자어로 조성된 많은 분량의 학술용어가 새로이 등장하였을 것이므로 국어 속의 한자어의 비율은 70%보다 더 높아졌을 가능성이 훨씬 더 많다고 생각된다.

이와 같이 국어의 절대다수를 차지하고 있는 한자어를 한글 전용론자들의 주장처럼 한글로 음만 적거나 모두 고유어[20]로 고쳐 쓸 수는 없는 것이므로, 한자어를 제한하거나 한자사용을 억제해 버린다면 우리 국어에는 큰 혼란이 일어날 수밖에 없으며 전문 용어에 대한 의미 파악조차 제대로 할 수 없게되어 학문은 물론 일상의 언어생활마저 퇴행을 가져올 수 있다. 지금 우리 사회는 바로 그러한 혼란과 퇴행현상을 심각하게 겪고 있는 것이다. 국어 속에 내재해 있는 이러한 실정, 즉 한자어가 최소한 70%이상이라는 실정을 생각한다면 한자 교육의 강화나 사용확대는 선택이나 고려의 문제가 아니라, 당위이자 필수의 문제인 것이다. 적절한 수준의 한자교육과 한자 사용 강화는 하루 빨리 이루어져야 한다.

---

20) 예를 들어보면 다음과 같다 ; 加減法→더딜이, 加味하다→덧들이다, 距離感→새 뜬 느낌, 價格保障→값다짐, 稼動力→일할 힘, 假髮→가짜머리, 頂上會談→우두머리 회담, 架空人物→헛인물, 模型圖→본뜨기 그림, 不可視光線→안 뵈는 빛살, 敵對行爲→맞서 버티기, 許容水位→견딜 물 높이 등 등. 《고치고 더한 쉬운 말 사전》,한글학회, 1984, 參照.

2) 교과서 어휘의 실정은 더 심각합니다. 한글전용으로는 정상적인 교육을 할 수가 없습니다

앞서 한글전용이 교육적 효과를 올릴 수 있다는 한글 전용론자들의 주장에 대해 비판하면서 현행 중학교 3학년 교과서에 사용된 용어의 일 단면을 이미 살펴본 바 있다. 여기서, 다시 하나의 예를 보기로 하자. 중학교 수학 교과서에는 '대표값과 산포도'라는 단원이 있다. 거기에는 다음과 같은 설명이 있다.

변량들이 흩어져 있는 정도 곧 산포의 정도를 하나의 수치로 나타낸 것을 산포도라고 한다[21]

이 말을 학생들이 과연 쉽게 알아들을 수 있을까? '변할 변(變)', '흩을 산(散)', '펼 포(布)', '정도 도(度)'라는 한자를 알면 이 문장은 저절로 이해가 되는 문장이다. 한자를 모르는 까닭에 왜 그런 뜻인지도 모르면서 그냥 '변량'과 '산포도'라는 말을 외우려니 시간과 노력에 비해 능률이 오르지 않고 설령 외웠다고 하더라도 금새 잊어버리고 만다. 심지어는 산포도를 산에서 나는 포도로 이해하고 넘어가는 웃지 못할 사태도 발생한다. 지금, 우리나라 초·중·고등학교 학생들은 이런 식으로 공부를 하고 있다. 무슨 말인지도 모르면서 시험을 보기 위해 그저 고통을 참아가며 외우고 있는 것이다. 한글 전용론자들은 혹 이처럼 이해하기 힘든 교과서를 두고서 "교과서 자체가 잘못 쓰여졌다. 쉽게 풀어 쓰면 된다."고 주장할는지 모른다. 그러면 어떻게 풀어 쓸 것

---

21) 중학교 3학년 《수학》, 김영식, 김흥기 공저, 두산출판사.

인가? '바뀌는 양이 흩어져 있는 정도를 하나의 수치로 나타낸 것을 흩어져 펼쳐져 있는 정도라고 한다'는 식으로 풀어 쓰면 된다고 할 것이다. 언뜻 보기에 퍽 설득력이 있는 말로 들린다. 그러나, 한 걸음만 나아가서 보면 그 말이 온당치 않음을 발견할 수 있다. 왜냐하면, 교과서의 해당 단원에는 '변량'과 '산포도'라는 말이 잇달아 나오는데 이들 용어는 이미 하나의 학술 용어이다. 학술용어나 전문 용어는 의미의 간결 명료함을 꾀하기 위해 최대한의 간략화와 축약화를 추구한다. 그런 학술용어를 일일이 풀어서 사용할 때마다 '바뀌는 양', '흩어져 펼쳐져 있는 정도'라는 식으로 쓰게 되면 그것이 전문 용어인지 설명어인지 분간할 수 없게 된다. 이렇게 되면 개념에 대한 정의를 내려서 학문을 축적해 가는 것이 아니라, 지루한 설명만 계속하는 꼴이 되고 마는 것이다.

　이처럼 한글 전용으로 이루어진 교과서는 교사와 학생 양자의 입장에서 볼 때 모두 아무런 이득이 없다. 가르치는 교사 입장에서 난감한 것은, 고전이나 기타 많은 글들을 가르칠 때 그 원전을 따로 찾아야 하는 이중고를 겪는다는 점이다. 그리고 학생들은 왜 그 말이 그러한 뜻을 가지는지 이유를 모르는 채 마치 외국어 단어 암기하듯이 한글로 쓰여진 우리말 한자어의 뜻을 외우고 있다. 한글 전용의 어문정책 아래에서 각 어휘의 의미를 명확하게 파악하지 못한 채 외우는 식으로 하는 공부는 우리 학생들의 공부에 대한 인식과 삶에 대한 태도까지도 바꾸어 놓았다. 지금 우리나라의 학생들은 시험을 보기 위해서, 대학을 가기 위한 하나의 통과 의례로서 억지로 공부를 하고 있다. 이런 공부에 지쳐 있는 요즈음의 학생들을 보면 참으로 안타깝다. 우리말인 국어도 한자를 모르는 탓에 그 깊은 뜻을 알지 못한 채 외국어 외우듯이 외우고 있고, 사회 과목이나 과학 과목도 말의 뜻을 제대로 모르는 채 책이 새까맣게 변하도록 밑줄을 그어가며 그저 사력을 다해 외우고 있는 아이들. 그리고 그 많은 문제집을 사들여 소위 '시험 감각'을 익히는 훈련을 계속하고 있는 우리의 아이들! 이렇게 지겨운 훈련을 한 아이들은 그 훈련의 대가로 대학에 합격하고 나면 그처럼 많이 외운 것들을 더 이상 조바심 내며 머리 속에 넣고 있어야 할 이유가 없게 된다. 그저 홀가분하게 털어 내고 싶을 뿐이다. 그래서 아이들은 대학에 들어오기만 하면 고등학교 3년 동안 피나게 애써 공부한 것들을 한꺼번에 다 놓아 버린다. 그리고 다시 빈 머리로 돌아간다. 우리 학생들에게 있어서의 공부란 대개 이런 의미로 인식되어져 있다. 그래서 영어 공부도 목표한 점수의 토익이나 토플을 통과하기 위해서 하고 요즈음 더러 하고 있는 한자 공부도 '한자급수시험'에서 목표한 급수를 따기 위해서 하기 때문에 출제 형식에 맞추는 맞춤식으로 한다. 이런 공부를 통해서는 활용력이나 응용력이 신장될 리 만무하다. 그러므로 영어도 한자공부도 취업이나 진급을 위해 목표한 점수와 급수만 따고 나면 긴장이 풀리면서 맞춤식으로 외운 것들을 더 이상 파지하고 있을 여력이 없다. 여력이 없는 탓에 애써 파지하고 있던 힘을 풀어버리면 공부했던 것들은 어느새 망각의 숲 속으로 달아나 버리고 만다. 그래서 우리 사회에는 토플이나 토익을 만점을 맞고서도 영어를 못하는 사람이 수두룩하다는 말들이 나오고 자격증은 있어도 실력은 없다는 비평의 말들이 나오고 있다. 지금 우리 사회에 진정으로 나를 위해서 재미를 느끼며 하는 공부가 자리하고 있는 곳은 거의 없다. 공부가 평생의 일과가 되고 목적이 되어야 할 텐데 공부는 이미 수단으로 전락한지 오래다. 한자를 통하여 근원적 진지함을 터득하고 느끼게 하는 공부를 시킨 것이 아니라, 실용이라는 미명아래 한글만을 이용하여 깊은 이해 없이 '따라잡기'나 '앞서가기' 훈련만 시켰기 때문에 나타난 우리 사회의 치명적인 병폐이다. 이 병폐를 바로 잡지 않고서는 우리나라의 장기적 발전은 기대하기 힘든다.

언어는 사고를 결정하고 사고는 행동을 결정한다. 그런데 우리는 그 동안 한글 전용이라는 어문정책아래 어원은 물론 복합의(複合意)나 함축의(含蓄意) 등 근원적인 뜻이나 복합적인 뜻은 알 필요 없이 액면 가대로 화폐를 쓰듯 그때그때 필요한 한 뜻만 알면 그만 이라는 식으로 우리의 국어를 가르치고 또 그렇게 운용하며 살아왔다. 이러한 국어 운용은 우리들로 하여금 진지하게 근원적이 사고를 하게 하는 역량을 갖지 못하게 하였는 바, 그처럼 사고가 깊지 못하다 보니 우리는 단선적 사고에 기초하여 일회적이고 임시 방편적이며 꿰어 맞추기 식이고 때우기 식인 행동을 할 수밖에 없었다. 그것이 해방 이후 반세기 동안 한글만 전용한 우리의 말과 글에 의해 결정된 우리의 사고이자 행동이다. 그 결과 우리는 정치는 '정치적이다'는 말과 '사기성이 짙은 권모 술수다'는 말 사이에 등식이 성립할 정도로 조령모개(朝令暮改)식 변덕과 떠넘기고 꿰어 맞추는 식의 수단이 난무하는 악순환을 거듭하였고, 기업도 근원적으로 미래를 보면서 기초를 다지기보다는 허세에 가까운 몸집만 늘이기에 바빴으며, 사회도 10,000$ 소득시대라는 허상에 도취되어 모피 코트를 걸치고 해외 여행을 일삼는 사람들로 북적이게 되었고, 문화·예술도 깊이 있는 기반을 형성하지 못한 채 일회성 '주목끌기'로 대중을 천박한 오락문화에 빠지도록 오도해 갔으며, 교육 또한 근본에 힘써 확고한 국가이념과 교육목표아래 부족한 면을 가르치고 교화하기보다는 오히려 학생의 응석과 학부모의 안이한 요구에 끌려 다니며 백년지대계(百年之大計)는커녕 임시 방편적 정책으로 일관하는 꼴이 되고 말았다. 이처럼 한글 전용이 낳은 진지하지 못한 사고와 실용을 빙자한 임시방편적 행동의 결과로 우리는 1997년에는 끝내 I.M.F 구제 금융이라는 국가적이며 민족적인 수치를 당하게 된 것이다.

이처럼 한글 전용의 어문정책이 가져온 폐해가 한계에 이르자 교육의 현장에서부터 그 폐해를 절감하고서 현재 중·고등학교 학생의 대부분이(중학생 60%, 고등학생 70%) 필요한 한자어를 교과서에 병기하여 의미 파악을 제대로 할 수 있게 되기를 바라고 있으며, 교육 현장에서 학생들을 직접 지도하고 있는 교사들은 78% 이상이 한자 병기를 통한 어원적 설명의 필요성을 절감하고 있는 것이다.(부록 설문조사 통계 참조) 학교에서의 기본교육에 필요한 교과서의 용어들을 하루 빨리 제대로 깊이 있게 이해 할 수 있도록 가르침으로써 우리 학생들이 장차 그들이 사용하는 어휘에 대한 깊이 있는 이해를 바탕으로 깊이 있는 사고를 하고, 나아가 깊이 있는 사고를 바탕으로 근원적이고 거시적이며 미래지향적인 행동을 할 수 있게 해야 한다. 그래야 우리나라의 밝은 장래를 기약할 수 있다. 이러한 관점에서 본다면 현 한국 사회에서의 한자에 대한 교육과 사용의 강화는 더 이상 선택의 문제가 아니라 필수의 문제라고 할 수 있다. 하루 빨리 한글 전용이라는 어문정책은 수정되어야 한다.

3. 학문을 위해서 한자는 필수 불가결의 존재입니다

1) 한자를 모르고서 기존의 업적에 대한 이해와 평가를 할 수 있겠습니까?

학문이라는 연구 행위의 기본적인 틀은 기존의 업적에 대한 충분한 이해와 평가를 바탕으로 보다 더 진실 되고 가치 있는 새로운 학설을 찾아서 제시하는 것이다. 따라서 기존의 선행 연구 업적을 읽을 수 없다면 아예 학문 연구 활동이 이루어 질 수가 없다. 그런데 현재의 대학생 수준으로 보았을 때 거의 대부분의 대학생들 심지어는 대학원 박사과정의 학생들까지도 한문으로 쓰여진 원전은 말할 것도 없고 국한문 혼용으로 쓰여진 학술서도 제대로 읽지 못하고 있는 실정이다. 지금 한국의 대학생 입장에서 본다면, 고려 시대로부터 조선 시대에 이르는 시기의 한문으로 기록된 전적(典籍)은 말 할 것도 없고 해방 후 6, 70년대에 나온 국한문 혼용의 도서들까지도 대부분이 화중지병(畵中之餠)인 것이다. 그들에게 있어서 축적된 학문적 유산이란 겨우 8, 90년대에 나온 다른 사람의 논문이나, 번역물이 고작이다. 이러한 상황에서 인문대학에서 실지로 학부 학생들의 졸업 논문이나 대학원생들을 상대로 석·박사 학위 논문 지도를 하다 보면 심각한 문제

를 발견하곤 한다. 그 문제점을 열거해 보면 대략 다음과 같다

① 율곡(栗谷) 선생이나 퇴계(退溪) 선생, 혹은 중국의 소동파(蘇東坡), 이백(李白), 두보(杜甫) 등의 시문(詩文)이나, 고려사 조선사 등을 연구하고자 하는 학생임에도 불구하고 시집 원전이나 역사서 원전은 아예 읽으려는 생각조차 하지 않은 채 논문을 시작하는 경우가 대부분이다.

② 작가가 생존해 있던 당대(當代)나 후기(조선시대나 중국의 宋, 元, 明, 淸 시대) 사람들이 남겨 놓은 각종 고증이나 평론 문장에 대한 주요 자료를 찾으려 하기보다는 8, 90년대에 한글로 작성된 2차, 3차 자료에 의지하여 논문을 쓴다.

③ 원전에 대한 근원적인 검토가 없는 상태에서 2, 3차 자료를 이용하다보니 학문의 알맹이는 없고 형식만 화려하며 심지어는 2, 3차 자료를 적절하게 짜깁기하여 작성한 표절성 논문들도 심심찮게 나오고 있다.

물론 이러한 현상은 한자의 사용·불사용과 관계없이 순전히 학문을 하는 사람의 학문을 대하는 기본 소양과 관련된 문제일 수도 있다. 그러나, 이상에서 열거한 문제를 범하는 대부분의 경우가 학문을 대하는 기본 소양이 안되어 있기 때문이라기보다는 한자와 한문에 대한 기초가 너무 약하다 보니 아예 원전을 읽을 엄두를 내지 못하는 데에 있다는 점에서 문제의 심각성이 더하는 것이다. 이러한 상황 아래서 인문학, 특히 한국학이나 중국학의 정상적인 발전은 사실상 전혀 기

대할 수가 없다.

한글 전용론자들은 "학문 연구를 위해서라면 전문가들만 한문 공부를 하면 될 것이지 전 국민에게 한자를 배우게 하는 고통의 멍에를 지우지 말라"고 국민을 끔찍이 위하는 것처럼 들리는 주장을 일관되게 하고 있지만 그것은 그야말로 형식 논리에 불과하다. 현행 우리나라의 교육 제도로 볼 때 대학 과정부터가 전문인을 양성하는 과정이다. 그런데, 현 한국 대학생들의 한문 실력은 어떠한가? 실로 심각한 한맹(漢盲)현상을 나타내고 있다. 다른 전공은 그렇다 치더라도 한국고전문학이나, 한국사, 중국사, 한문학, 중국문학, 한국철학, 중국철학 등을 연구하기 위해서는 한문 실력이 필수적인데 소위 전문 연구과정이라는 대학에 들어와서야 비로소 피할 수 없는 필요에 의해 상용 1800 한자부터 공부하고 있는 실정이다. 대학에서 전문으로 연구하기는커녕 천자문을 읽는 수준의 공부를 하고 있는 것이다. 이와 같은 한문 실력 부족으로 인하여 학문적 천착은 엄두도 내지 못하면서도 짜여진 교육과정은 이수해야 하므로 한문으로 쓰여진 원전은 단 한 줄도 제대로 읽지 않은 상태에서 고등학교에서 했던 것처럼 남이 써 놓은 글을 개조식으로 정리해서 외우거나 2, 3차 자료를 바탕으로 사변적인 토론을 진행하는 공부를 하는 경우가 대부분이다. 예를 들자면, 원전인 논어는 한 줄도 제대로 읽지 않은 상태에서 다 남이 써놓은 2차, 3차 자료만 가지고서 공자를 찬양하기도 하고 비판하기도 하며, 한시(漢詩) 한 구절도 제대로 읽을 수 없는 실력을 가지고서 두보(杜甫) 시의 사회성을 연구한다느니, 율곡 시에 나타난 자연관을 연구한다느니 하는 식의 지극히 사변적인 헤프닝을 벌이고 있는 것이다. 깊은 한문 실력을 바탕으로 원전에 대한 철저한 분석을 통해 위대한 학문적 업적을

낸 선배 학자들이 이 모양을 본다면 까무러칠 노릇이다. 전문과정인 대학의 교육 현실이 이러하니 어느 때 어느 과정을 통하여 한글 전용론자들이 말하는 한문의 전문가가 양성될 수 있겠는가? 우리 학계의 이러한 참담한 현실을 극복하기 위해 뜻 있는 학생들이나 연구자들은 시간을 만들어 아직 시골의 노인으로 묻혀 지내던 옛날 서당의 훈장님들을 찾아 나서고 있다. 한글 전용정책이 학문 연구에 미친 악영향은 가히 치명적인 것이다. 우리나라 학문 연구의 이러한 기현상에 대해 학생들 스스로가 이미 개선되어야 한다는 견해를 가지고 있다. 다음의 설문 조사가 대학생들의 그러한 의식을 잘 나타내 주고 있다.

> 대학생 뿐 아니라, 우리나라 지식분자의 대다수가 영어로 된 원전은 으레 읽으려하고 또 읽을 수 있음에 반하여 우리의 역사인 조선왕조실록이나, 사상집(思想集)인 율곡전서나 퇴계전집은 전혀 읽을 수도 없고 아예 읽으려 하지도 않는 현실에 대해 어떻게 생각하십니까?

① 크게 잘못된 일이라고 생각하기는 하지만, 그렇다고 해서 어려운 한자 교육을 강화할 필요는 없다. 일부 전문가들을 활용하여 우리의 역사서나 고전을 번역하는 작업을 강화하는 방법으로 문제를 해결하면 된다.

② 번역을 잘 했다고 하더라도 학술자료로 활용하기 위해서는 어차피 원전을 확인해야 하고, 일반 대중들이 설령 번역본을 읽는다고 하더라도 한자를 알수록 이해가 빠르고 정확할 것이므로 한

자교육은 어느 정도 강화해야할 필요가 있다.

③ 새로운 지식과 정보가 폭발적으로 늘어나는 21세기에 과거의 역사와 문화에 연연하는 것 자체가 비생산적이다. 역사나 전통문화의 중요성에 대해 모르는 바는 아니나 과거를 알기 위해 어려운 한자공부를 해야한다는 것은 분명히 비효율적인 일이다.

이 물음에 대한 응답 결과는 다음 표와 같다

〈표 15〉

문 항	①	②	③	계
응답자수	90	144	22	256
비율(%)	35.2	56.3	8.5	100

56.3%에 해당하는 학생이 학문적 필요에 의해 원전을 읽을 수 있는 한자교육의 필요성을 절감하고 있는 것이다. 이 56.3%라는 수치는 3개항의 답 중에서 한 항을 고르게 했기 때문에 나타난 것이다. 두 개 항으로만 나누어 물었다면 그 비율이 85% 이상으로 올랐을 것이다. 이미 학생들 스스로가 정상적인 학문 활동을 하기 위해서는 한문학습이 필수적이라는 점을 절감하고 있는 것이다. 학문의 퇴화가 더 이상 지속되어서는 안 된다. 학문의 퇴화 특히 인문학의 퇴화는 곧 망국을 의미한다. 이러한 학문의 퇴화를 막기 위해서는 하루 빨리 한자의 교육과 사용이 강화되어야 한다.

2) 한자를 버리고선 명확한 개념정의와 함축적 정리가 불가능합니다

대부분의 학술적인 저서들이 중요 용어에 대한 정의를 할 때 라틴어, 희랍어 등으로 어원을 찾아 거슬러 올라간다. 예를 들자면, 다음과 같은 경우이다.

 論理學(논리학)이란 외국어로 Logic(英), Logik(獨), Logique(佛) 등으로 불리는 학문으로서, 이들 外國學名(외국학명)은 다같이 그리이스어 λογικη에서 유래한 것이며, 이 λογικη는 다시 λογος의 형용사 단수형이다. 그런데 λογος(Logos)는 언어, 사유, 이성의 의미를 가졌다. 따라서 어원적으로 말한다면 논리학은 사유, 이성의 學(학) 또는 언어의 학이라 할 수 있다. 사실은 사유의 학이고, 논리적이라 함은 이성적이라 함과 같은 뜻으로 사용되기도 한다.22)

이처럼 어원을 찾는 까닭은 그 용어의 개념을 보다 정확히 하고 용어가 포함하는 범위를 포괄적으로 정리하기 위해서이다. 명확한 개념의 정립과 하위 개념인 종(種)에 대한 함축적 축약은 학문의 기본이자, 학문적 성공의 관건이기 때문이다. 그런데 우리나라의 경우 우리가 사용하고 있는 말의 어원은 그 말을 한자로 어떻게 쓰는 줄만 알면 거의 다 찾아 낼 수 있다. 예를 들어, '서예(書藝)'라는 말을 보자면, '書'는 '음성언어를 부호언어로 바꾸어 써서 사물을 나타내는 일'을 뜻하는 글자이고 '藝'는 원래 '나무를 잘 살도록 심는 기술'을 나타내는 글자이다. 따라서 '書藝'는 원의(原義)대로 풀이하자면, '부호 언어인 문

---

22) 문정복, 《언어와 논리》, 형설출판사, 1987. pp.9~10.

자를 잘 쓸 수 있는 기술'이라는 뜻이다. 그러나, 후대에 와서는 '藝'가 단순한 기술이라는 의미에서 확대되어 오늘날의 '예술'이라는 의미도 가지게 됨으로써 '書藝'란, '문자를 매체로 쓰는 활동을 통하여 아름다움을 창조하는 예술'이라는 의미를 나타내는 말로 쓰이게 되었다. 이처럼 우리는 '書'자와 '藝'자만 알면 '書藝'라는 말의 초형본의(初形本意) 즉 어원적 의미까지를 쉽게 알아낼 수 있는 것이다. 이러한 정확한 개념이 정립됨으로 인하여 우리는 학문적으로 서예의 범위를 정할 수 있고, 서예의 범위가 정해짐으로써 서예의 예술적·학문적 가치를 보다 순수하게 발양(發揚)시킬 수 있다. 다시 말해서 개념이 명확해짐으로 인하여 문자 도안과 서예를 구별할 수 있게 되고 문자 추상과 서예의 차이를 구별할 수 있으며 나아가 사이비 서예를 도태시킬 수 있으며, 중국의 '서법(書法)', 일본의 '서도(書道)'에 대한 우리나라의 '서예'가 가지는 특성과 장점도 찾아낼 수 있다는 것이다. 이처럼 학문연구에 있어서는 전문용어에 대해 그 어원을 밝혀서 깊이 있게 의미 파악을 하는 일이 매우 중요하다. 그런데 우리는 한자를 사용함으로 인하여 그 어원적 의미를 쉽게 파악할 수 있으니 학문의 연구를 위해 한자를 알아야 함은 필연인 것이다.

 사용하는 말의 의미를 정확히 해야 한다는 것은 학문 연구에만 적용되는 말이 아니다. 학문 연구에서는 말할 필요도 없고 일상의 언어생활에서도 단어의 의미를 정확히 알고 써야 한다. 말의 개념이 정확하게 서 있지 않음으로 인하여 그 말을 써야할 곳과 써서는 안될 곳이 구분되지 않은 채 마구잡이로 혼용되고 있다면 그 사회는 매우 혼란한 사회이다. 난세란 다름이 아니라, 말의 사용이 혼란한 사회, 사용되고 있는 말의 개념이 정확하지 못한 시대가 바로 난세이다. 그래서 공자도 일찍이 말을 바르게 사용해야 한다는 '정명설(正名說)'을 내세운 것이다. 공자는 다음과 같이 말하였다.

이름이 바로 서지 않으면(사용하는 말의 개념이 명확하게 서있지 않으면), 대화가 논리적으로 진행되지 않고, 대화가 논리적으로 진행되지 않으면, 일이 제대로 이루어질 수 없다. 일이 제대로 이루어지지 않으면, 예(禮)나 악(樂)과 같은 교육을 실시할 수 없고, 교육을 실시할 수 없으면, 형벌을 온당하게 집행할 수가 없게 된다. 그리고, 형벌이 온당하게 집행되지 않으면, 백성들은 몸둘 바를 모르게 된다.[23]

백성들이 몸둘 바를 모르는 세상이 바로 난세이다. 그런데, 공자는 그러한 난세가 되는 가장 원초적인 원인을 '정명(正名)'이 되어 있지 않음 즉 사용하는 말의 의미가 바르게 서있지 않아서 개념상의 혼란이 있는 것에서 찾았다. 논어에 실린 이 구절은 말의 힘이 얼마나 크며 정확한 말의 사용이 얼마나 중요한 것인지를 알 수 있는 의미 있는 구절이다. 이 외에도 공자는 '정명'과 관련하여 "임금은 임금답고, 신하는 신하다우며, 아비는 아비답고, 자식은 자식다워야 한다(君君, 臣臣, 父父, 子子)."는 말도 하였는데, 여기서 임금이 임금답게 행동하고 아비가 아비답게 행동하기 위해서는 무엇보다도 먼저 '군(君)'과 '신(臣)', '부(父)'와 '자(子)'의 개념부터 명확히 서 있어야 한다. '군'과 '부', '신'과 '자'의 개념이 바르게 서 있지 못하면 어떻게 하는 것이 '군(君)'답고 '부(父)'다우며 '신(臣)'답고 '자(子)'다운 것인지를 알 수가

---

[23] 『名不正, 則言不順; 言不順, 則事不成; 事不成, 則禮樂不興; 禮樂不興, 則刑罰不中; 刑罰不中, 則民無所措手足.』 《論語》卷13 <子路篇>.

없다. 알 수가 없는데 행동할 수 있겠는가. 바로 이 '알 수 없는' 개념의 혼란 상태가 바로 난세의 시작인 것이다.

그런데, 우리 사회에는 이처럼 말의 의미를 제대로 모르고서 제멋대로 혼란스럽게 쓰는 경우가 너무나 많이 있다. 그래서 우리 사회는 지금 난세인 것이다. 우선 한 예로 '사모님'이라는 말을 보자. '사모(師母)'란 원래 '사부(師父)'의 대(對)가 되는 말로서 스승님이 아버지 같은 분이라면 스승의 부인은 어머니 같은 분이라는 생각에서 스승님의 부인을 일컬어 사모님이라고 했던 것이다. 따라서 사모님이라는 말은 지극한 존경과 위엄과 권위가 담긴 말이다. 그런데 언제부터인가 우리 사회에서 사모님이라는 말은 아무한테나 사용하는 말이 되고 말았으며 심지어는 희화(戱化)되어 불건전한 무도장에서 부도덕한 춤을 추고 있는 여인을 지칭하는 대명사로 쓰이게 되었다. 또, 한 예로 '선생님'이라는 말을 보기로 하자. 선생이라는 말은 본시 '나보다 훨씬 먼저 깨달은 바가 있는 선각자(先覺者)'를 뜻하는 말이었다. 따라서, 이 말 역시 대단한 존경과 권위가 담긴 말이다. 그런데, 이 선생님이라는 말 또한 언제부터인가 우리 사회에서 아무한테나 쓰는 말이 되고 말았다. 심지어는 발음마저도 '생님' 혹은 '샌님'으로 희화(戱化)되어 장난스럽게 쓰이고 있다. 그런데, 이 '사모'나 '선생'이란 말이 중국이나 일본에서는 어떻게 사용되고 있는가? 섣고 힘부로 쓸 수 없는 절대적인 권위와 존경의 의미를 가진 말로 사용되고 있다. 한자를 통해 말의 의미를 정확히 알고 있기 때문에 그처럼 존경과 위엄이 담긴 엄숙한 말을 함부로 아무한테나 쓰지 않고 '師母'나 '先生'이란 말의 본래 개념에 충실하게 정확한 사용을 하고 있는 것이다.

이 외에도 우리 사회에는 말의 의미를 정확히 모르기 때문에 함부

로 사용하여 개념의 혼란을 야기하고 있는 경우가 너무나도 많이 있
다. 몇 가지 예를 더 들어보자. 일정 정도의 권위를 반드시 지켜 주어
야 할 '교수(敎授)'라는 칭호도 이제는 아무한테나 쓰여서 자동차 운전
학원에서도 가르치는 사람이면 으레 교수라고 부르고 있으며, 아무한
테나 '사장(社長)'이고, 두 세 명이 함께 일하는 사업장에 부서가 세분
되고 여러 층의 직급이 있을 리 없건마는 상호간에 부르는 호칭은 으
레 '○부장'이고 '○차장'이다. 뿐만 아니라, 조금만 독특하면 '엽기적
(獵奇的)'이고 성적 자극이 있으면 무조건 '야(野)하다'고 한다. 이러한
말들은 다 그 본래의 뜻을 정확히 알지 못한 채 사용함으로써 개념의
혼란을 야기하고 있는 말인데, 그처럼 말의 의미를 제대로 알지 못하
는 가장 큰 이유는 바로 한자를 모르기 때문이다.[24] 따라서, 우리 사
회에서 개념의 혼돈으로 인한 학문의 퇴화를 막고 '정명(正名)'이 되지
않음으로 인한 혼란 끝에 난세가 닥치는 상황을 막기 위해서 하루 빨
리 한자의 교육과 사용은 강화되고 확대되어야 한다.

---

24) 이 외에 한자를 모름으로 인하여 말을 오용하고 있는 예는 일일이 헤아
릴 수도 없을 만큼 많다. 김대중 대통령이 취임하던 날 취임을 축하하기
위해서 보신각의 종을 울렸다. 이 때 타종 현장을 중계 방송하던 모 방송
국의 여성 아나운서는 '보신각의 타종이 우렁차게 울려 퍼지고 있습니다.
……타종이 울려 퍼지고 있습니다."라는 말을 10여 차례나 반복하였다.
한자를 모르기 때문에 일어난 용어 오용의 대표적인 예이다. 2001년 7월
16일 자 모 지방 신문에는 일부 노래방의 불법 영업 실태를 보도하는 기
사에서 "승합차로 아가씨 4명이 공수됐다"는 말을 썼다. 어처구니없는
일이다. '공수'라는 말을 한자로 어떻게 쓰는 줄을 모르니까 그저 '운반
하다'나 '옮겨오다'라는 뜻으로 이해하고 '승합차로 공수했다"는 말을
한 것이다. '공수'란 '空輸'라고 쓰는 한자어로서 '항공편을 이용하여 수
송하다"라는 뜻임을 안다면 결코 그처럼 엉터리 문장을 쓰지는 않았을
것이다.

4. '한국적 예술'을 위해서도 한자는 필요합니다

1) 한자문화권 예술의 정수(精髓)인 서예, 버리기에는 너무 아까운 예술입니다

우리 사회에 전통적으로 존재하고 있는 매우 아름답고 가치 있는 예술 중의 하나가 바로 서예이다. 그러한 서예를 보존·발전시키기 위해서라도 한자의 교육과 사용은 강화되고 확대되어야 한다. 서예는 한자의 상형성, 혹은 회화성을 바탕으로 중국에서 발생하여 한자문화권 각 국으로 전파된 한자문화권 특유의 예술이다. 이 서예는 근본적으로 소리글자를 사용하는 나라에서는 발달할 수가 없는 예술이다. 따라서 서예야말로 한자문화권 예술의 정수라고 할 수 있다. 그런데, 우리는 일찍부터 이 서예를 받아들여 우리의 민족 미감이 담긴 위대한 예술로 승화시켜 수많은 서예가를 배출하였고 또 수많은 서예 작품을 창작해 냈다. 조선 시대의 대표적인 예술가라고 할 수 있는 추사 김정희 선생이 다른 예술에 종사한 사람이 아니라 바로 위대한 서예가였음은 우리나라 국민이라면 누구나 다 아는 사실이다. 그리고 우리 사회에는 지금도 서예라는 예술이 엄연히 자리하고 있다.

우리나라 뿐 아니라 일본도 마찬가지다. 현재 일본의 서예는 많은 부분이 서구화되어 서예의 고유색을 더러 상실하기는 하였지만 사회 저변에 서예가 널리 보급되어 많은 국민들이 서예를 즐기고 있으며

미술 시장에서도 서예 작품이 활발하게 거래되고 있다. 그리고 중국에서는 1978년부터 시작된 개혁 개방의 '신시기'를 맞아 서법(書法:그들은 서예를 書法이라고 부른다)도 오랜 침체를 벗어나 활기를 띠기 시작하여[25] 1979년에는 중국 최초의 서예 전문 잡지인 ≪書法≫이 창간되었고 1981년에는 중국서법가협회(中國書法家協會)가 설립되어 서예의 예술적 가치와 지위를 인정받게 되었다. 1980년대는 중국에서 서예의 붐이 하늘을 찌를 듯이 일어나 잠자고 있던 수많은 작가들이 잠을 깨어 곳곳에서 활발한 활동을 개시하였으며 지역 단위 서예 협회가 전국으로 확산되었고 서예와 관련된 각종 도서가 전국 각 출판사에서 대량으로 출판되는 등 서예 부흥의 열기가 전국 곳곳에서 뜨겁게 달아올랐으며 그 열기는 오늘에 이르도록 지속되고 있다. 그런데, 서예에 대한 열기는 이처럼 뜨겁게 달아올랐지만 모택동의 공산당 정부가 수립된 이후 중국 서예는 정치적인 이유로 인하여 너무나 오랫동안 잠을 잔 탓에 아직 열기에 비해 수준은 높지 못하다. 1980년 대 후반까지만 하여도 중국의 서예는 작가의 기량에 있어서나, 전시회의 기획과 운영 면에 있어서 우리나라보다도 못하였다고 할 수 있다. 그러나, 활활 타오르는 서예의 열기만큼은 좀처럼 식을 기미를 보이지 않고 있다. 1978년, 중국이 개혁 개방정책을 수용한 이후 최근 20년 간의 중국의 서법열(書法熱:서예붐)은 중국 수 천년 역사상 그 어느 때와도 비교할 수 없을 만큼 고양되어 중국대륙을 휩쓸고 있는 것이다.[26] 그

---

25) '신시기' 이전에는 모택동의 문화혁명을 비롯한 전통문화 말살 정책으로 인하여 중국에는 아예 서예라는 예술활동이 존재할 수 없는 상황이었다. 존재했다면 공산당의 선전 구호를 담은 현수막이나 표어를 쓰는 정도가 고작이었다고 할 수 있다.
26) 이상 中國의 書藝發展에 관한 내용은 王鏞, <中國書法的現狀與未來>,

리고 이러한 서예 붐은 중국의 문자 정책에도 적지 않은 영향을 주고 있다. 왜냐하면 서예를 하기 위해서는 형상성과 회화성이 풍부한 번체자(繁體字)를 쓰는 것이 당연한데, 이로 인하여 서예가들은 물론 서예열에 빠진 상당수의 일반 국민들도 번체자를 사용하고 있기 때문이다. 물론, 1956년 1월 28일 중국 국무원이 한자 간화 방안을 확정하여 발표할 때에도 "고적(古籍)을 번인(飜印)한다거나 기타 특수원인이 있을 경우를 제외하고는 원래의 번체자는 인쇄물에서 그 사용을 금지한다(除飜印古籍和有其他特殊原因的以外, 原來的繁體字應該在印刷物上停止使用)"27)고 하여 '특수원인'이라는 예외 조항을 두기는 하였었다. 그리하여 서예가들은 이 '특수원인'이라는 예외 조항에 근거하여 번체자를 쓸 수 있었다. 그러나, 서예가들이 그러한 '특수원인' 조항을 이용하여 궁색하게 서예 작품을 해 놓은들 일반 국민들이 번체자는 모르고 간화자만 안다면 아무런 의미가 없다. 번체자를 써서 창작된 서예 작품을 일반 국민들이 읽을 수도 없고 감상할 수도 없기 때문이다. 이러한 문화 환경에서는 중국 예술의 정수라고 할 수 있는 서예가 제대로 발전할 수 없다. 감상자가 없이 작가만 있는 예술이란 있을 수 없기 때문이다. 이러한 까닭에 뜨거운 서예 붐에 휩싸여 있는 중국의 서예가들과 상당수의 일반 국민들은 서예열의 영향아래 번체자를 익히고 있으며 한편으로는 정부가 나서서 정책적으로 번체자를 교육하고 보급해 주기를 바라고 있는 것이다.

이상에서 본 바와 같이 지금 중국이나 일본은 서예에 대한 열기가

―――――――――――

≪靑年作家 韓中日 國際交流展紀念 學術發表論文集≫, 예술의 전당, 1997 pp.53~66 참조.
27) ≪국가언어문자정책법규회편≫, (중국)어문출판사, 1996, p.9.

뜨거운 가운데 서예를 세계화하여 세계 시장에 독특한 문화 상품으로 내놓을 전략을 모색하고 있으며 특히 중국은 서예의 종주국답게 이미 서예를 미국, 프랑스, 이탈리아, 영국, 독일 등으로 전파하는 데에 많은 노력을 기울이고 있다. 그런데 우리나라의 현실은 전혀 그렇지가 못하다. 우리나라의 서예는 80년 대 초에는 중국의 서예열로부터 영향을 받아 잠시 활성화되는 듯 하였으나 1~2년 후인 1983년도부터 그 열기는 형편없이 식기 시작하여 지금은 완전히 쇠락의 길을 가고 있다고 할 수 있을 만큼 국민들의 관심을 끌지 못하고 있다. 예술의 전당 서예관은 예술의 전당 안에 있는 미술관이나 음악당, 오페라 하우스 등 어떤 건물보다도 일찍 개관되었지만 서예관의 전시실에는 아무리 큰 국제적인 서예전을 개최해도 관람객이 미술관이나 음악당 관객의 10분의 1도 못되는 형편이고[28] 전국의 서예학원들은 일부 유명 작가의 연구실을 제외하고는 수강생이 없어 마치 지금은 이미 사라지고 없는 '주산(珠算)학원'과 같은 길을 가는 운명에 놓여 있다. 본시 어느 예술보다도 고아(古雅)하여 국민적 사랑을 받던 서예가 이렇게 쇠락의 길을 가게 된 데에는 한글 전용이라는 어문정책의 영향이 가장 크다. 서예의 주된 매체가 바로 한자인데 사회적으로 한자를 안 쓰게 되니까 당연히 감상할 수 있는 사람이 줄게 되고, 서예 작품을 필요로 하는 사람도 대폭적으로 줄어들게 되었으며 서예를 배우고자 하는 사람은 더욱 드물어지게 된 것이다. 이러한 서예문화의 쇠락 현상에 대해 한글 전용론자들은 아름다운 우리 한글 서예를 하면 될게 아니냐

---

[28] 이처럼 관란객이 없고 서예에 대한 관심도 없어지자, 한 때 서예관 건물을 한국 종합 예술학교 건물로 사용고자 하는 계획이 발표되었고 이에, 서예인들이 궐기하여 서예관 수호 운동을 벌이는 헤프닝이 있었다.

는 반론을 펼 수도 있을 것이다. 물론, 그렇게 할 수도 있다. 우리의 한글 서예에도 한글 서예 특유의 단아하고 간결한 아름다움이 있다. 그러므로 그간에 많은 서예가들이 우리 문자인 한글서예를 깊이 연구하고 작품도 많이 발표해왔다. 더욱이 한글 전용정책으로 인하여 한자 서예가 점차 대중으로부터 멀어지게 되자, 예술적 창작욕구 뿐 아니라 서예가 자신의 생존을 위해서도 한글 서예에 대한 관심을 많이 가졌었다. 그러나, 한글 서예에는 분명히 한계가 있다. 문자 자체가 간단하고 서체가 다양하지 못하기 때문에 운필(運筆)이나 결자(結字), 결구(結構), 포치(布置) 등 각 방면에서 변화의 폭이 좁아서 작품을 해 놓고 보면 회화성이나 추상성 등이 떨어져서 예술적 내함이 한자 서예에 비해 현저하게 부족한 것이 사실이다. 따라서, 한자 서예가 가지고 있는 풍부한 내함과 깊고 다양한 예술성을 결코 한글 서예로 다 대체할 수가 없다. 그럼에도 불구하고 한글 서예를 하면 그만 이라는 주장을 한다면 그것은 그야말로 문화와 예술을 전혀 이해하지 못하는 소치로 밖에 볼 수 없을 것이다.

    한글 전용정책이 이대로 지속된다면 우리가 그 동안 조선시대 최고의 명필로서 독창적인 필법으로 추사체라는 위대한 예술을 창조했다고 자랑해 온 추사 김정희 선생은 더 이상의 의미가 없는 인물이 되고 만다. 전혀 한자를 모르는 후손들은 선생의 추사체가 글씨인지 그림인지 조차 분간할 수 없을 테니 이렇게 된 다음에야 '독특한 추사체 운운'하는 말은 더 이상 할 수 없게 될 것이다. 어디 추사뿐이랴. 안평대군, 한석봉, 양사언, 이광사,…… 등 조선시대 최고의 예술정신을 표출해낸 위대한 서예가들이 모두 의미 없는 인물로 전락하고 말 것이다. 뿐만 아니라, 기본적으로 서예의 획을 구사하는 여러 가지 필법을 이용하여 산수화나 풍속화를 그린 김홍도, 신윤복, 이정, 강세황, 신위, …… 등 조선시대 최고의 화가들도 그 의미가 퇴색해 버리고 말 것이다. 설령, 역사 속에 그들의 이름이 보존된다고 하더라도 후손들이 그 분들의 작품세계를 전혀 들여다 볼 수 없다면 그 분들의 이름을 기록하고 있는 역사는 한낱 '명부(名簿)'에 불과할 것이다. 중국이나 일본인들은 오히려 추사나 석봉, 단원과 혜원 등의 예술세계를 알아보고서 높이 평가하는데 정작 우리는 그것을 전혀 알아보지 못하는 까막눈이 된다면 이것은 민족적 손실이 아닐 수 없다. 더 이상의 문화 퇴행은 막아야 한다. 쇠락의 길을 가는 서예를 부활시키고 찬란한 민족 문화 유산의 참된 값어치를 느끼는 문화 민족이 되기 위해서라도 하루 빨리 한자에 대한 교육과 사용은 강화되어야만 한다.

2) 한국서예의 세계화, 또 하나의 위대한 문화 수출입니다

19세기 말부터 서양의 과학 문명에 의해 동양의 세력이 크게 위축 당하면서 동양의 문화 특히 한자문화권 문화는 서양의 문화에 의해 직·간접적으로 잠식당하게 되었다. 뿐만 아니라, 나중에는 한자문화권 국가에서 살고있는 사람들 자신마저도 서양의 문화에 도취되어 자국의 문화에 대해 열등의식을 갖게 되었다. 그러나, 20C 후반부터 동아시아 한자문화권 국가의 경제가 일본, 대만, 홍콩, 싱가포르, 한국 등이 중심이 되어 신속한 발전의 양상을 띠게 되고 더욱이 70년대 말부터는 중국대륙도 문호를 개방함으로써 급격한 발전의 기세를 드러내자, 세계의 이목이 동아시아 한자문화권 국가를 향하게 되었다. 소위 '아시아적 가치'에 대해서 관심을 갖기 시작한 것이다. 이에 따라 한자문화권 예술의 정수인 서예에도 많은 관심을 갖게 되었다. 앞으로 한자문화권 문화에 대한 세계인들의 관심이 높아지면 질수록 서예도 세계무대로 나아가 세계인이 함께 감상하고 누리는 세계적 예술로 발전할 가능성이 높아질 것이다. 이에 대해 필자는 일찍이 다음과 같이 예상한 바 있다.

서양 사람들에 의해 과학이라는 학문을 바탕으로 자연에 대한 도전과 정복, 개발 위주로 발전해 오던 세계문화가 이제 자연과 더불어 살아야 한다는 자각아래, 「天人合一」의 동양 문화, 특히 한자문화권 문화로 회귀하고 있다면, 동양 문화의 정수요, 한자문화권 고유의 예술인 서예는 세계 문화의 한 복판에 우뚝 설 가능성이 있다.[29]

---

29) 김병기, <중국 예술정신과 서예, 그 현대적 변용을 논함>, 《청년작가 한·중·일 국제 교류전 기념 국제학술 발표 논문집》, 예술의 전당,

아울러, 필자는 이러한 가능성을 토대로 서예를 세계화하기 위한 전략으로서 서예에 대한 학문적 연구를 강화하여 서양인들에게 서예의 본질을 설명하고 그 원형을 보여 줄 필요가 있다는 의견을 제시하였다.[30] 그리고 이러한 의견의 타당성은 1997년 세계서예 전북 비엔날레에 즈음하여 개최된 국제 서예학술대회에 참가한 세계 각국 서예가들과 함께 다시 한번 확인한 바 있다.[31] 이처럼 서예가 세계의 문화예술 시장에 우뚝 설 가능성이 있는 확실한 이유는 서예 자체가 가지고 있는 독특한 예술성 때문이다. 서예의 독특한 예술성이란, 바로 "명언가구(名言佳句)를 중심으로 문자를 쓰는 행위를 통하여 보다 훌륭하고 보다 차원 높은 인격과 심미관을 표현함으로써 어떤 예술보다도 정화성(淨化性), 승화성(昇華性), 해탈성(解脫性)이 짙은 예술"이라는 점이다.[32] 서예의 이러한 예술적 특성은 통속적인 대중예술의 소용돌이에 파묻혀 사는 동서양의 현대인들에게 새로운 청량제로 다가올 수가 있다. 그러므로 서예는 세계의 문화 시장에 21세기 새로운 장르의 예술로 등장할 가능성이 충분히 있는 것이다. 이러한 점에 착안하여 중국은 이미 서예를 세계의 문화 시장에 적극적으로 내놓고 있다.

그런데, 여기서 우리가 주목할 필요가 있는 부분이 있다. 그것은 바로 일본은 말할 것도 없고 중국의 서예보다도 우리의 서예가 더 순수하게 서예 원래의 모습을 잘 간직하고 있다는 점이다. 다시 말해서, 우

1997, p.105.
30) 상게 논문 p.106.
31) 김병기, <21 세기 서예, 발전할 것인가, 도태될 것인가?>, ≪세계서예 전북 Biennale 서예 학술 대회 논문집≫제1집, 전라북도, p.p 62~97. 참조. 이 글의 중국어 번역본은 중국의 서예 전문지인 ≪中國書法≫(中國書法家協會 主辦) 1997년 제4기에 수록되었다.
32) 전게 논문 <중국 예술정신과 서예, 그 현대적 변용을 논함>. p.100.

리나라의 서예가 서예의 오리지널리티를 가장 잘 보존하고 있는 면이
있다는 것이다. 왜, 무엇을 근거로 그렇게 말할 수 있는가? 일본의 서
예는 1868년 메이지 유신이 시작되면서 큰 변화를 맞이하게 되었다.
메이지 유신을 단행한 신정부가 정치 경제 사회 문화 각 방면에서 문
호를 개방하고 유럽과의 긴밀한 교류아래 소위 '탈아시아'33)정책을
씀으로 인하여 서양의 문화가 물밀 듯이 들어오면서 회화, 음악, 무용
등 각 방면의 예술도 친서양적으로 발전하고 서예처럼 동양의 고유색
이 짙은 예술은 차츰 고립되기 시작한 것이다. 그 후, 소화(昭和)시대
(1926~1988)에 이르러서는 친유럽, 탈아시아화가 더욱 빠르게 진행되
면서 서예도 급격한 변화의 물결을 맞이하게 된다. 이러한 변화의 물
결 속에서 일본 서예에 가장 큰 변화의 바람으로 등장한 것은 역시 전
위서예(前衛書藝)이다. 탈아시아를 표방하던 일본 사회에서는 유럽의
영향을 받아 일찍이 1920년대부터 "현대를 살고 있는 우리는 현대의
의식이 반영된 현대의 서예를 해야 한다"34)는 기치아래 '현대서(現代
書)'운동이 시작되었었는데 이러한 현대서 운동은 후에 구미의 액션페
인팅(Action painting)이나 앙포르메르(Informel)운동과 상호 연계되어 서로
영향을 주고받으면서 일본 서단에 '전위서예' 혹은 '묵상(墨象)'이라는

---

33) 일본의 탈아시아 정책은 19세기 일본의 근대화를 이끈 계몽사상가인 후
  쿠자와 유키치의 '脫亞入歐論'에 근거하여 명치 정부가 채택한 정책이다.
  '脫亞入歐論'이란 일본은 아시아를 벗어나 구미 열강 속에 들어가야 한
  다는 이론이다. 이 이론은 후에 일본의 제국주의 팽창을 정당화하는 근거
  로 작용하여 일본은 서구 열강과 동등하기 때문에 식민지를 확장하고 있
  는 서구 열강과 마찬가지로 일본도 독립할 능력이 없는 조선이나 일본을
  지배해야 한다는 논리로 비약 발전한다. 정일성, ≪후쿠자와 유키치-탈아
  론을 어떻게 펼쳤는가≫, 지식산업사, 2001. 참고.
34) 1919년 比田井天來를 중심으로 결성된 書道藝術社의 기관지인 잡지 ≪書
  道藝術≫의 창간호에 실린, 金子鷗亭의 글 참조.

이름의 새로운 서예를 등장시킨 것이다. 이러한 현대서 운동은 패전 후에도 계속되어 이 전위서예의 영향으로 전통 서예마저도 과거처럼 긴 한문 문장을 쓰는 서예에서 벗어나 문장과 분리된 미술로서의 서예를 표방하게 되었는데 이러한 조류를 반영한 서예가 바로 미술적 도안 기법을 수용하여 한 두 글자를 추상화 같은 느낌이 들도록 쓰는 '소자수서(少字數書)'이다. 현대서예라는 이름아래 이러한 서예를 시도하면서부터 일본의 서예는 점차 전통 서예로부터 멀어지게 되었으며 일본의 서예는 발전이라는 이름아래 동아시아 고유의 문화·예술로서의 서예가 아니라, 서구미술의 한 분야로서의 예술을 지향하게 되었다. 따라서 현재의 일본서예는 동아시아 한자문화권 고유문화로서의 서예의 전통성이나 고유성을 거의 다 잃고 서구미술의 아류로 전락한지 오래이며[35], 일본의 서단(書壇)은 외형적으로는 활발한 활동을 하고 있으며, 일본국민의 서예에 관한 관심도 높은 것이 사실이나 서예계 내부의 모습을 들여다보면 일본의 서예는 사승관계(師承關係)와 계보의 틀에 얽매여 서예의 본질적 예술성에 근거한 새로운 출구를 찾지 못한 채 일탈된 서예를 전수하고 계승하는 악순환을 계속하고 있다고 평할 수 있다.

---

35) 이러한 현상은 비단 서예에만 국한된 것이 아니라, 일본의 미술 전반에 만연된 병폐로 지적되고 있다. 일본미술의 이러한 병폐에 대해서 동경국립근대미술관의 연구원인 지바 시게오(Chiba Shigeo)는 다음과 같이 자탄하였다. 「일본 미술은 어쩌면 회복이 불가능할지도 모르는 무력감 속에 방치된 채 세기가 바뀌었다. 이런 무력감은 직접적으로는 歐美의 학습과 모방에 너무 익숙해져 오리지낼리티 추구가 어떤 것인지를 그만 잊어 버렸고 明治시대 이전 自國의 전통을 완전히 잊어버렸으며, 근대 서구미술 종언의 사상에 영향을 받은 것이 원인이 되었다.」<Art Odyssey 2001>,《월간미술》, 2001년 1월호 p.46.

중국의 서예도 오리지널리티 상에 문제가 있기는 마찬가지이다. 중국 대륙에 비록 서예의 붐은 활발하게 일고 있지만 이러한 서예붐과는 달리 중국서예의 내용을 살펴보면 오리지널리티 상에 많은 문제가 있음을 발견할 수 있는 것이다. 모택동에 의해 공산당 정부가 수립된 이후, 중국의 공산당 정부는 서예를 전형적인 부르조아 예술로 보고 아예 서예의 예술적 존재 가치를 인정하지 않았다. 따라서 중국 최고의 권위와 종합성을 지닌 문화예술조직인 중국문학예술계연합회(작가협회, 음악가 협회, 희극가 협회, 미술가 협회 등을 포함함)에서도 서예를 받아들이지 않았다. 서예는 아예 서예가협회를 조직할 의미조차도 없는 분야로 생각했던 것이다. 이러한 까닭에 서예는 현수막이나 입간판 등에 공산당의 구호를 쓰는 실용적 용도 외의 예술적 방면에서의 지원이나 장려, 보급을 전혀 받을 수 없었다. 게다가 간화자를 제정하여 보급하는 문자 정책을 택함으로 인하여 서예는 결코 발달할 수가 없었다. 이처럼 열악한 서예환경 속에서 서예가 겨우 명맥을 유지하고 있을 때 문화 혁명이 발발하여 전통문화 말살의 소용돌이 속에서 서예는 명맥마저도 제대로 잇지 못할 처지에 놓이게 되었다. 중국의 서예는 이러한 소용돌이를 겪는 과정에서 서예의 본 모습은 많이 상실하고 말았다. 이처럼 퇴락한 상태에서 중국의 서예는 80년대에 들어 개혁과 개방의 신시기를 맞이하게 된 것이다. 따라서 지금 중국 대륙에 개혁과 개방의 물결을 타고 뜨거운 서예 붐이 일기는 하였지만 과거 수 십 년 동안 잃어버린 것이 너무나 많기 때문에 아직 중국의 서예는 제 수준을 찾지 못하고 있다. 이러한 상황에서 일부 서예가들이 일본으로부터 변질된 서예를 수입해 오는 바람에 중국의 서예계에도 1980년대 중반에 들어서면서부터는 소위 '현대서예파(現代書藝派)'

라는 유파가 나타나게 되었다. 이상과 같은 중국의 서예환경에 비추어 볼 때 그들의 서예가 우리보다 더 원형과 정통성을 잘 보존하고 있다고는 결코 말할 수 없다.

한자문화권 국가 예술의 정수인 서예, 그래서 세계화할 문화 예술적 가치가 무척 높은 서예, 그 서예의 오리지낼리티를 우리가 가장 많이 간직하고 있다면 우리는 그 장점을 살려서 중국보다도 앞서서 세계의 문화·예술 시장에 우리의 서예를 내놓을 필요가 있다. 그렇게 하기 위해서는 우리나라의 침체된 서예 열기부터 다시 달아오르게 해야 한다. 그런데, 그렇게 하기 위해서 택할 수 있는 가장 확실한 길이 바로 한자에 대한 교육을 강화하고 한자의 사용을 확대하는 것이다. 왜냐하면 서예 퇴락의 주요 원인이 바로 한자를 사용하지도 않고 가르치지도 않은 데에 있기 때문이다.

5. 시대적 상황과 국제환경의 변화가 한자를 필요로 하고 있습니다

1) 중국, 한자문화권 문화가 세계무대의 주도자로 나서고 있습니다

2차 세계대전의 종전 이후 지금까지 약 50년은 인류 역사상 그 유래를 찾아볼 수 없을 만큼 많은 변화를 겪은 시기이다. 급속한 산업화 덕택에 인류는 그 어느 때보다도 물질적인 풍요를 누렸고 교통과 통신의 발달로 시간과 공간의 개념 자체가 바뀔 정도로 큰 변화를 겪었다. 이러한 변화 속에서 1960년대에 마샬 맥루한(Marshall Mcluhan)은 '지구촌'이라는 말이 쓰기 시작하였고 최근 몇 년 동안에는 인터넷과 미디어 네트워크의 대량 보급으로 지구는 그야말로 '전지구화(globalization)'의 속도를 더욱 가속화하고 있다. 이처럼 전지구화가 빠르게 진행되면서 세계 각 지역 간의 인적 물적 자원의 교류는 더욱 더 활발해졌고 각 지역 간의 문화접촉도 한층 더 활발해졌다. 이러한 와중에서 새뮤얼 헌팅턴(Huntington Samuel)은 장래의 세계구도는 다양한 문명권 사이의 대립과 갈등과 분쟁의 과정을 거쳐 새로운 구도로 재편될 것이라는 내용의 소위 '문명충돌론'을 내세웠고, 헌팅턴의 이러한 견해에 맞서 하랄트 뮐러(Muller Harald)는 '문명의 공존론'을 제기하였다. 그런가

하면 움베르토 에코(Umberto Eco)는 21세기 세계문화는 여러 가지 문화가 서로 섞이는 '잡종적 혼합'이 될 것이라고 전망하였다. 이처럼 다양하게 제시된 의견들 가운데에서 어느 의견이 보다 더 정확하게 미래를 전망한 것인지는 알 수 없지만 분명한 것은 충돌이든 공존이든 아니면 혼재이든 간에 21세기에는 전지구화 현상이 더욱 가속화될 것이라는 점이다. 이에, 세계 각 국은 자국(自國)의 문화가 어떠한 형태로든 살아 남아서 전지구화의 시대에 영향력을 행사할 수 있기를 기대하며 자국문화를 세계에 전파하는 일에 열을 올리고 있다. 특히 미국은 미국 중심의 세계 통합, 이른바 '세계화'를 꿈꾸며 국제 사회에서 그 영향력을 팽창시키기 위해서 더 많은 노력을 경주하고 다른 나라에 대해 물리적 심리적 압박까지 가하고 있다. 이처럼 새로이 대두된 미국 중심의 세계화 전략에 대응하면서 서양에 대한 동양의 의미를 지킬 수 있는 문화지역이 바로 동아시아 한자문화권 지역이다. 그리고 그 한자문화권 지역의 새로운 힘으로 부상되고 있는 나라가 바로 중국이다. 중국의 개방과 개혁을 주도했던 등소평은 일찍이 다음과 같이 말하였다.

"오늘날의 세계는 개방된 세계로, 세계 어느 국가도 발전하기 위해서는 고립되어서는 안되며 개방치 않을 수 없고 국제교류를 강화하지 않을 수 없다…… 어떠한 민족 어떠한 국가도 반드시 다른 민족 및 다른 국가의 장점을 배워야 하고 다른 사람들의 선진기술을 학습해야 한다. 더욱이 우리는 현재 과학기술이 낙후되어 있기 때문에 외국의 선진 과학기술을 배우도록 노력해야 할 뿐 아니라 다른 사람들의 장점을 배워야 한다."[36]

'철의 장막'으로 불리던 중국이 이러한 개방정책을 쓴지 20여 년의 세월이 지난 지금, 중국은 세계적인 강대국으로 부상하고 있다. 특히 1992년부터 중국경제가 두 자리 숫자의 고성장을 기록하자 이러한 성장속도를 지속적으로 유지한다면, 2010년에 이르러서는 美國을 제압하고 세계 최대의 경제대국으로 부상하게 될 것이라는 전망이 일찌감치 나온 바 있다.37) 게다가 21세기는 문화 예술의 시대라는 전망이 지배적인데 이러한 문화 예술적 관점에서 본다면 오 천년 전통의 문화・예술 역량과 풍부한 인적 자원을 가진 중국이 21세기에 세계무대에서 주역을 담당할 것이라는 전망은 어렵지 않게 할 수 있다. 헌팅턴의 ≪문명의 충돌(The Clash of Civilizations and the Remarking of World Order)≫은 바로 중국의 이 같은 급부상을 예견하고서 '오리엔탈리즘으로 무장한 새로운 냉전 질서'38)를 구상하고 그에 대한 미국의 대응을 모색하고자 하는 의도가 담긴 책이다. 헌팅턴은 다음과 같이 말하였다.

중국이 패권국으로 떠오를 경우, 그것은 1500년 이후 세계 역사에 등장한 모든 패권국들을 초라하게 만들 것이다……중국의 경제 발전이 십 년만 더 지속되고(그럴 가능성이 있다), 후계자 문제를 둘러싼 갈등을

---

36) 鄧小平, ≪建設有中國特色的社會主義(增訂本)≫北京, 人民出版社, 1987, p.105.
37) IMF. World Economic Outlook 1993 (Washington. D.C. : International Monetary Fund, 1993), p117. ; 이홍표, <중국의 경제적 부상과 동아시아 경제협력>, ≪동아시아 협력의 정치체제-일본・중국・러시아를 중심으로≫,世宗硏究所, 1994, p.150에서 再引.
38) 이것은 강정인(서강대 정치학)이 ≪문명의 충돌≫에 대한 서평을 쓰면서 표제로 쓴 말이다. ≪동아시아의 문화와 사상≫ 제1호, 열화당, 1998, p.258.

겪으면서도 정치적 통합성이 유지된다면(그럴 가능성이 높다), 전 세계는 이 인류 역사상 가장 큰 힘을 가진 주역의 점증하는 자기 주장에 대해 어떤 식으로든 대응하지 않을 수 없을 것이다.39)

이와 같은 예견 때문에 세계 각 국은 중국의 변화와 성장을 한편으로는 천 오백 년 전 징기스칸에 이어 또 한 차례 나타날 '황화(黃禍:황인종에 의한 재앙)'라는 표현을 하면서까지 경계하면서도 한편으로는 지대한 관심을 가지고 중국을 배우기 위해 노력하고 있다.

이러한 관심은 비단 중국에만 국한된 것이 아니다. 소위 '아시아적 가치'란 이름아래 동아시아 지역의 한자문화권 국가에 대한 전반적인 관심으로 나타나고 있다. '아시아적 가치'라는 말이 처음 등장한 것은 70년대 초로서 미국과 유럽의 학자들이 당시 일본과, 한국·홍콩·대만·싱가포르 등 '4마리 용(龍)'의 고도 성장의 배경을 설명하기 위해 만들어낸 개념이다. 당시 미국과 유럽의 학자들은 아시아는 농경사회에서 공업사회로 급속히 발전하면서 경쟁과 효율성의 시장원리가 뿌리내리지 못하고 인정에 기반한 공동체 사회를 형성하게 되었다고 분석하였다. 또한 아시아인들은 가족을 소중히 여기고 유교, 불교, 이슬람교 등에서 강조하는 근면과 자기 반성을 중시한다고 지적했다. 이들 동아시아 국가들의 고도 성장은 이 같은 역사·문화적 배경과 정부 주도의 개발 모델이 어우러진 결과라며 이를 통틀어 '아시아적 가치'라고 결론 내렸다.40) 이후, 이 '아시아적 가치'에 대해서는 싱가포

---

39) 샤무엘 헌팅턴(Huntington) 지음, 이희재 옮김, 《문명의 충돌》, 김영사, 1997, P.316.
40) 중앙일보, 1998년 10월 28일.

르의 이광요(李光耀) 총리, 말레시아의 마타하르 총리, 한국의 김대중 등과 미국의 경제학자 제임스 뷰캐넌, 리처드 홀브룩 전 미국 국무부 동아시아 태평양 담당 차관보 등의 논쟁을 거치면서 때로는 긍정적으로 때로는 부정적으로 평가되는 부침을 거듭했다. 그러나, 1997년 겨울에 한국이 IMF에 구제 금융을 신청하고 아시아 각 국이 금융 위기에 봉착하면서 아시아적 가치에 대해 근본적인 회의를 하는 사람도 생기게 되었다. 그렇지만 한국을 비롯한 아시아 각 국에서는 동아시아 한자문화권 특유의 저력으로서 작용하고 있는 '그 무엇'을 여전히 아시아적 가치로 보고 그것에 대한 철학적, 사회학적, 경제학적 탐색을 지속하고 있는데 이러한 탐색의 결과는 앞으로 세계 안에서 한자문화권 국가의 위상을 높이고 21세기 인류 사회를 복되게 하는 주요한 정신으로 작용하게 될 것이다. 지금 세계 각국은 이 '아시아적 가치'를 한편으로는 부정하려고 하면서도 한편으로는 경외적인 태도로 주시하고 있다. 이러한 아시아적 가치의 탐색에 대해 최영진은 다음과 같이 말하였다.

동아시아 삼국은 아직도 '대동아공영권'의 악몽에서 자유롭지 못하다. 그러나 삼국은 하나의 '문화권'을 넘어서서 하나의 '생활권'으로 진입해가고 있는 것이 현실적 상황이다. 동아시아기 지향해야 할 진정한 아시아적 가치에 대한 모색은 절박한 과제가 아닐 수 없다. 그리고 여기에서 한 걸음 더 나아가 서구적 가치에 대한 對應項으로서, 그리고 근대 이후 새로운 세기를 이끌어 갈 제 3의 대안으로서 아시아적 가치의 모색과 정립이야말로 이 땅에서의 '철학함'일 것이다.[41]

---

41) 최영진, <아시아적 가치에 대한 철학적 반성>, 《동아시아의 문화와 사

한자문화권 국가가 주역이 되어 세계 각 국의 관심 아래 이 아시아적 가치를 탐색하는 데에 있어서 한자는 원초적이고 근본적인 역할을 하는 문자이다. 그리고, 그렇게 탐색되고 정립된 아시아적 가치가 21세기를 이끌어 가는 세계적 가치로 주목을 받게되었을 때 국제무대에서 한자는 영어 못지 않은 위력을 발휘할 수 있을 것이다. 지금 우리 나라를 비롯한 세계 여러 나라에 중국어 열풍이 불고 있는 것도 다 장차 세계의 흐름을 주도할 아시아적 가치와 국제사회에서의 중국의 위치를 의식하고 있기 때문이다.

  중국어는 다른 게 아니다. 바로 한자요 한문이다. 혹자는 중국어와 한자를 별개의 것으로 생각하여 "중국어를 배우는 것은 권장할 만한 일이지만 한자를 사용하는 것은 반대한다"는 말을 하기도 하는데 그것은 중국어가 곧 한자요 한문이라는 사실을 모르는 까닭에 범하게 된 잘못이다. 한자를 많이 알고 한문을 읽을 수 있는 사람이라면 거기에다 중국어의 몇 가지 특수한 용법만 익히면 중국어 독해 문제는 아주 쉽게 해결할 수 있다. 그리고 한자에 대한 중국어식 발음만 익히면 중국어를 유창하게 구사할 수도 있다. 따라서 깊이 있는 중국어를 공부하려는 미국이나 유럽의 학생들은 먼저 한자에 대한 공부를 철저하게 한다. 중급이상의 중국어는 결국 한자 실력에 의해 좌우되기 때문이다. 아시아의 국가들은 물론 세계 여러 나라가 이미 중국과 한자에 대해서 그 국제적 지위를 인정하고 한자를 배우기 위해 노력하고 있는데 아시아의 한자문화권 국가 중에서 유독 우리만이 한자를 폐기하고서 여전히 한글 전용의 어문정책을 강행하고 있으니 참으로 안타까

  상≫제2호, 열화당, 1995, p.295.

운 일이다. 중국과 대만이야 말할 필요도 없고 일본, 홍콩, 싱가포르, 인도네시아, 말레이시아, 태국, 월남 등이 한자 사용을 강화하고 있으며, 한동안 소련의 영향아래 한글을 전용하던 북한도 1968년부터 학교에서 한자교육을 심화하고 있는데 우리만 아직도 한글 전용이라는 기본 정책을 바꾸지 않고 있으니 이는 한자문화권 국가에서의 고립을 자초하는 것으로서 일종의 쇄국정책이라고 할 수 있다. 하루 빨리 중국의 변화와 아시아의 위상, 그리고 세계 문화의 흐름을 파악하고서 우리의 어문정책을 능동적으로 수정하여 한자의 사용과 교육을 강화해야 할 것이다. 한자문화권의 각 나라가 다 한자를 사용하고 있는데 우리나라만 한자를 사용하지 않는다면 우리나라는 자칫 동아시아 경제권과 문화권에서마저도 고립될 수 있다는 사실을 깨달아야 한다. 앞으로 중국을 중심으로 세계 무대에 급부상할 동아시아 경제·문화권에 주도적으로 참여하여 주변국가들과 교류·교역·교신하기 위해서는 한자에 대한 새로운 인식이 절실히 필요하다. 한자를 더 이상 방치해 두어서는 안 된다. 하루 빨리 한글 전용이라는 어문정책을 수정하여 한자 교육을 강화하고 한자의 사용을 확대해야 한다.

2) 한자는 이미 한자문화권 국가의 공용 문자입니다

한자는 한자문화권 국가의 공용 문자임에 틀림없다. 비록 중국이 간화자를 많이 사용하고 일본이 그들 나름대로 일부 약자를 만들어 쓰고 있지만 한자가 한자문화권 국가의 공용 문자임에는 변함이 없다. 한자가 가지고 있는 이러한 공용 문자적 역할과 위상에 기초하여 1999년 2월 9일 정부가 한자 병용 방침을 발표하면서 도로 표지판에도 한자를 병기할 것을 시사하자 한글 전용론자들은 많은 이유를 내세워서 극렬히 반대하고 있다. 그들이 반대하는 이유를 한글학회 회장인 허웅의 글을 통해 정리해 보면 다음과 같다.

① 한자 병기는 반역사적인 처사이다.
② 도로 표지판은 로마자 병기로 족하다.
③ 예산 낭비다.
④ 한, 중, 일의 한자 독음이 다르다.
⑤ 간화자, 약자 등 한, 중, 일의 한자가 다르다.[42]

이제, 그들의 주장에 대해서 하나하나 살펴보기로 하자. ①그들이 한자 병기를 반역사적인 처사라고 주장하는 까닭은 "이미 한글 전용이 굳어지는 단계에 이르렀는데 다시 한자 병용을 거론하기 때문에 반역사적"이라는 것이다. 그들의 입장에서 보면 당연히 그렇게 보일 것이다. 그러나, 문제를 57년 간 실시해 온 한글 전용의 기득권을 유지

---

42) 허 웅, <정부의 한자 병용 정책을 성토한다.>, ≪한글 새소식≫통권 319호 (1999, 3), 한글 학회. p.p 6~7 참조.

하겠다는 생각으로 보지말고 한글 전용의 폐해를 바로잡으려는 시각으로 보면 한자 병용은 반역사적인 것이 아니라, 잘못 흘러가고 있는 민족의 명운(命運)과 역사를 바로 잡는 일이 될 것이다. 문제를 57년 동안 애써 확보한 한글 전용이라는 기득권이 침해를 받고 있다는 피해의식에 사로잡힌 시각으로 보지말고 보다 냉철하게 우리의 현실을 직시해야 할 것이다.

②도로 표지판은 로마자 병기로 족하다는 주장은 적극적이지 못한 주장이다. 해마다 우리나라를 찾아오는 관광객의 대다수가 일본과 중국, 대만 및 동남아 지역 사람이다. 게다가 2002년 월드컵 기간은 물론 금후 수 년 동안에 중국 관광객들이 폭증할 것이라는 전망이 지배적이다. 이들 한자문화권 지역의 관광객들에게 편리를 제공할 수 있는 일이라면 보다 적극적으로 편리를 제공하여 그들을 유치해야 한다.

③예산 낭비라는 주장은 보다 더 세심한 검증이 필요하다. 한자 병기가 얼마나 효율적인지 그리고 한자 병기로 인하여 얻게되는 이익은 얼마나 되는지를 잘 따져서 효율성을 살릴 정도의 예산을 투자할 가치가 있으면 그만큼의 예산을 투자하면 된다. 예산을 빌미로 한자 병기 자체를 호도해서는 안 된다.

④한, 중, 일의 독음이 다르다는 이유로 한자 병기를 안 할 이유는 없다. 표지판이나 간판은 외국인이 어떠한 독음(讀音)으로 읽든 아무 상관이 없다. 눈으로 보고 뜻을 알면 족하다.

⑤중국은 간화자를 사용하고 일본은 약자를 사용한다는 것을 이유로 들어 한, 중, 일 세 나라의 한자가 다르기 때문에 표지판에 한자를 병기하는 것이 의미 없는 일이라고 주장하는 것도 단편적이고 근시안적인 주장이다. 일본의 약자는 그 수효도 많지 않을 뿐 아니라, 약화된

형태 속에도 대부분 본자(本字)의 모습이 남아 있어서 한자를 익숙하게 사용해 온 그들은 상용한자 정도는 약자든 본자든 다 읽을 수 있다. 대만이나 홍콩, 싱가포르를 비롯하여 동남아시아 지역은 다 본자(번체자)를 사용하니까 문제가 없고 간화자를 많이 사용하는 중국이 문제라면 문제 일 수 있는데 중국인들도 앞서 살펴본 바와 같이 그들 자신의 필요에 의해 번체자 사용이 증가함에 따라 국민들의 번체자 해독율이 날로 늘고 있으며, 업무상의 이유이든 관광 목적이든 간에 생활 수준이 외국을 드나들 정도인 사람들은 대부분 교육 수준도 높은 편이어서 번체자를 다 읽을 수 있다. 그러므로 중국이 번체자를 많이 사용하고 일본은 일부 한자를 그들만의 약자로 쓴다는 이유로 표지판을 한자로 병기할 필요가 없다는 주장은 설득력이 없다. 사실, 외국인이 한국에 와서 '○○寺'라는 표지판을 보았을 때 그것이 무슨 절이고 어떠한 역사적 의미가 있는 절인지는 알 필요가 없이 우선 그것이 '절(寺)'이라는 사실만 알아도 실로 큰 도움이 될 때가 있다. 그 절의 의미나 역사는 그 절에 찾아갔을 때 자세한 안내를 통해서 상세히 알면 되는 것이고, 우선 그곳이 절이라는 사실을 아는 자체가 관광객들에게는 우선적으로 필요한 일이다. 따라서, '寺"자 한 글자만 알 수 있어도 그들은 매우 반가워 할 것이다. 이런 경우도 생각해 보자. 혼자서 길을 가던 관광객이 갑자기 배가 아파 왔다. 약국에 들러 간단한 소화제를 하나 사고 싶은데 아무리 둘러 봐도 약국이 어디에 있는지 알 수 없다. '약국'이라는 간판이 보이질 않는다. 이 얼마나 답답한 노릇이겠는가? 그 때, 저 편에 '○○藥局'이라는 간판이 보인다면 참으로 반가울 것이다. 그저 '藥'자 한 글자만 보아도 그는 안도의 숨을 쉴 수 있을 것이다. 외국 관광객들을 위해서 편리를 제공할 수 있는 쉬운 길이 있는데도 불구하고 공연한 고집을 부려 그 편리를 제공하는 길을 아예 차단해 버린다면 그것은 참으로 어리석은 일이 되고 말 것이다. 그렇게 하고서도 어떻게 관광진흥을 도모할 수 있겠는가? 지명을 한자로 표기한 지도가 있고 표지판에 한자가 병기되어 있으면 한자문화권에서 온 외국인들에게는 큰 도움이 될 것이라는 점은 상식 선에서도 충분히 유추가 가능한 일이다. 이런 저런 트집을 잡을 이유가 없다. 한자문화권이라는 말은 아직도 유효하고 한자는 한자문화권 국가의 공용문자적 역할을 하고 있음을 객관적인 시각을 가지고 인정해야 한다. 이러한 엄연한 현실을 눈앞에서 확인하면서도 한글 전용정책을 마치 한글 전용론자들이 확보한 기득권 정도로 여겨 그 정책을 고수하기 위해서 이유 아닌 이유를 들어 명백한 현실을 애써 부정하려고 해서는 안될 것이다.

한자문화권 국가라는 말은 단순히 한자라는 문자를 공유하고 있다는 점만을 두고 하는 말이 아니다. 그것은 오랜 역사 속에서 한자를 매체로 형성된 문화의 공통성과 그러한 문화의 공통성으로 인한 정서와 감정의 유사성까지를 포함하는 말이다. 이 비슷한 감정과 정서라는 것이 우리들의 삶 속에서 얼마나 중요하게 작용하는지는 다시 말할 필요가 없다. 그리고, 그리한 공통적 정서가 가지는 위력은 국가간의 정치나 경제 회담 등에서 더욱 두드러지게 드러난다. 학교 동창회에 나가면 나름대로 성공한 지금의 자기 위치에서 이야기가 시작되는 게 아니라 우선은 학창 시절의 옛 정서를 토대로 이야기가 시작되듯이 한자문화권 국가 사이에서는 각 국이 가지고 있는 현안에 대한 회담을 할 때도 본격적인 회담에 앞서 한자문화를 배경으로 형성된 공통의 정서를 통해서 우호적 분위기를 먼저 조성한 다음에 현안 문제를 논의하는 경우가 대단히 많다. 그리고 회담이 진행되는 과정에서도 그러한 공통적 정서에 바탕을 둔 이야기는 언제라도 나올 수 있다. 이러한 점은 통계 자료를 찾을 필요도 없이 필자가 직접 경험한 바를 통해서도 자신 있게 말할 수 있다. 한·중, 혹은 한·대만간의 문화나 경제의 교류와 협력 방안을 논의하는 자리에서 통역을 하다보면, "해내존지기, 천애약비린(海內存知己, 天涯若比鄰 : 이 세상 어디에 있든 나를 알아주는 진정한 친구가 있다면 몸은 비록 그 친구와 헤어져 있어도 마음은 마치 이웃집에서 살고 있는 것 같다)"이라는 당나라의 시인 왕발(王勃)의 시구나, "유붕자원방래, 불역낙호(有朋自遠方來, 不亦樂乎 : 친구가 먼 곳으로부터 오니 어찌 즐겁지 않으랴"라는 논어(論語) 구절 등을 이야기의 실마리 삼아 거론하는 것은 거의 상사(常事)가 되다시피 하였고, 때로는 최치원 선생이나 퇴계 선생의 행적과 시문이, 때로는 연암 박지원 선생이나 추사 김정희 선생에 관한 일화가 튀어나오는 경우도 허다하다. 이럴 때마다 당황하는 것은 대부분 우리 쪽의 회담 대표들이다. 한글 전용으로부터 기인된 범국민적인 한자 실력 저하와 그로 인한 우리 문화에 대한 몰이해 그리고 한자문화권 공통의 문화적 정서로부터의 고립 등으로 인하여 그런 말들을 전혀 알아들을 수가 없기 때문이다. 이러한 측면에서 볼 때, 우리는 이미 한자문화권 공통의 문화적 정서로부터 유리됨으로써 따돌림을 받을 위기에 직면해 있으며 한자문화권 국가 사이에서 문화적인 고립을 당할 위기에 놓여 있다고 할 수 있다. 따라서, 한자가 한자문화권 국가간의 공용문자라는 사실을 단순히 문자 자체에 국한하지 말고 보다 폭넓게 수용하고 인정하여 우리 사회에서 한자 교육과 사용을 한층 더 강화해 나가야 할 것이다.

3) 서양은 이미 한자문화권 문화에 대해 깊은 관심을 가지고 있습니다

르네상스와 계몽운동 이후에 급속도로 발전해 온 서구의 과학문명은 오늘날 인류에게 역사상 일찍이 경험하지 못한 엄청난 혜택을 가져다주었다. 즉 기계·기물의 사용에 의한 자동화와 능률화, 대량생산 현상은 우선 인력 사용을 감소시켰으며 인간을 편하게 하는 여러 가지 편의의 조건을 제공하였다. 뿐만 아니라, 의학의 발달은 질병의 감소와 수명의 연장을 이루어 냈다. 그리고 작게는 원자 세계, 크게는 우주의 법칙에 대한 지적 요구의 충족과 더불어 그 법칙들의 이용으로 막대한 에너지를 얻게 되었다. 또한 과거에는 특정한 기관이나 국가에서 독점하던 정보도, 전자·전산·정보 통신의 발달에 의해 개인이 세계적인 범위에까지 손쉽게 접근·이용하게 된 것은 과거에는 상상도 못한 현대 과학문명의 혜택인 것이다.[43]

이처럼 서구의 과학문명이 전 세계에 지대한 영향을 미치게 되자, 일찍이 근대 과학을 낳지 못한 비서구권의 여러 나라들은 서양으로부터 과학과 기술을 수용하기에 급급하였으며, 그 성패가 결국은 근대화의 성공과 실패를 가름해 주었다. 동아시아의 여러 나라들도 예외는 아니어서 근대화라는 이름아래 서구의 과학 문명이 들어온 이후, 자기 문화를 부정하면서까지 서구문명을 배우는 데 열중하였고 또한 맹목적인 경제성장만을 추구하여 양적인 팽창만을 이룩한 점이 없지 않다. 그러나 두 차례의 세계대전을 거치면서 과학기술의 무한한 힘

---

43) 尹絲淳, <儒敎와 社會發展>, ≪孔子思想과 21세기≫(東亞日報社, 1994), pp.115~116.

이 인류에게 유토피아를 가져다 줄 것이라는 신화는 크게 흔들리게 되었다. 특히 제2차 세계대전 이후 세계를 파멸시킬지도 모르는 위협으로 다가온 핵폭탄의 개발과 전 세계적인 위기로 등장한 환경문제는 기존의 과학적 세계관 자체에 대한 재검토가 필요하다는 인식을 불러일으키게 되었다. 시계추는 스펙트럼의 한쪽 끝에서 절정을 맞이하고, 반대편으로 흔들리기 시작하고 있는 것이다.44) 이러한 구미(歐美)의 과학문명은 기술화·정보화로 특정 지어지는 후기산업사회로 들어서면서 예기치 못한 곳에서 보다 더 많은 폐해들을 드러내게 되었다. 이러한 폐해와 그 폐해로 인한 서양 문명의 위기에 대해 김충렬은 다음과 같이 말하였다.

본래 서양사상과 문명 속에는 일찍부터 위기적인 요소가 내포되어 있었기에, 니이체는 20세기에 접어들기도 전에 서양문명의 위기를 예언한 바 있고, 20세기에 들어와서도 스펭글러나 토인비, 소로킨 등의 문명비판가들이 나와 서구문명의 몰락을 경고해 왔다. 그리고 불행하게도 이러한 예언과 경고는 모두 적중한 것이다. 20세기 중반을 넘어서면서 사람들은 문명의 위기를 직접 체험하게 되었으니, 자원의 고갈이나 생존환경의 파괴, 인성의 타락 등등이 바로 그런 예이다. 이러한 서양문명의 위기요소는 근본적으로는 서양철학의 무한사상(無限思想)과 직선사관(直線史觀)에서 기인한 것으로, 이는 공교롭게도 동양철학과 정반대 되는 것이어서, 동양철학이 서구문명의 위기를 극복할 수 있는 길임을 증명해 주었다.45)

---

44) 김동광,<생물체계의 패턴으로서의 생명>, 동아시아 문화포럼, ≪동아시아의 문화와 사상≫제 1호, 열화당, 1998, p.275.
45) 金忠烈, <東洋에서 본 現代文明의 危機>, ≪週刊朝鮮≫(朝鮮日報社,

이와 같이 상당수의 학자들에 의해서 대두되고 있는 서양문명의 위기론으로 인하여 서양의 학자들 가운데에는 21세기 인류의 생존을 위한 지혜를 동양 특히 한자문화권 국가의 전통 문화에서 찾으려는 노력을 기울이는 학자들이 늘어나고 있다. 서양학자들에 의한 한자문화권의 고전 연구, 한의학에 대한 연구와 실험 등이 바로 그러한 예인데 한자문화권 전통문화에 대한 서양의 이러한 관심은 한글 전용정책아래 한자를 폐기해 온 우리에게 시사하는 바가 매우 크다. 한자문화권 문화에 대한 서양 사람들의 관심은 이처럼 증대되고 있는데 한자문화권의 핵심 국가인 우리는 오히려 한자를 도외시하여 한자로 된 우리 스스로의 문화 유산을 폐기하고 있으니 말이다. 이러한 관점에서 보아도 현재의 우리 사회에서 가능한 한 빨리 한자의 교육과 사용을 강화해야 할 필요가 절실하게 요구되고 있다.

1984. 6. 24), pp16~17.

4) 국제 통합한자코드가 제정되었습니다

한국·중국·일본을 대표로 하는 한자문화권 각 나라의 옛 자료는 거의 다 한자로 기록되어 있다. 그러나, 글자 수가 많고 필획이 복잡하다는 한자의 특수성 때문에 그러한 옛 자료를 현대에 이용하거나 정보화하는 데에 적잖은 어려움이 있었다. 그런데 컴퓨터가 발달되면서 불가능하리라고 여겨졌던 한자처리가 얼마든지 가능하게 되었다. 그리하여 한자문화권의 각 국은 자기 나라 국가 규격의 한자코드를 제정하여 자국민의 문자생활에 한 기준을 제시함으로써 많은 편리를 도모하였다. 그러나 이와 같은 각 국의 독자적인 한자코드의 제정 및 사용은 모든 것이 국제화된 상황에서 정보의 국제적 유통과 다언어·다문자 자료의 처리 및 이들을 포함하는 데이터베이스의 구축 등을 거의 불가능하게 하였다. 예를 들어 정보의 교류가 빈번한 한·일 양국의 경우를 살펴보면 각 국의 고유문자와 함께 한자라고 하는 공통의 문자를 사용하고 있는 관계로 정보의 교환에 있어서 상당한 이점을 가지고 있음에도 불구하고 컴퓨터에서 처리되는 한자의 자수(字數), 자종(字種) 및 배열방법이 서로 달라서 컴퓨터를 통한 정보교환이 불가능한 실정이었다. 이에 반해 서구 사회에서는 로마자 알파벳에 의하여 각 국이 거의 아무런 장애를 받지 않고 정보교환이 이루어져 왔다. 이런 점에 비추어 볼 때, 한자문화권 국가인 한국이나 일본, 중국, 대만, 홍콩, 싱가포르, 베트남 등도 과학정보를 비롯한 모든 학문적 정보를 공유하고 국제적으로 유통하기 위해서 각 국에서 독자적으로 사용하고 있는 한자 코드를 통합하여 일원화된 한자통합코드를 제정할 필요가 있게 되었다. 이러한 필요에 의해서 1993년에 완성된 것이 바로

'국제통합한자코드세트'이다. 이 '국제통합한자코드세트'의 제정과정은 대략 다음과 같다.

1990년 2월 공업진흥청 주최로 타워호텔에서 개최되었던 '한자코드 국제표준화 서울 특별회의'는 국제적으로 얽혀있는 여러 가지 복잡한 문제점들을 해결하기 위한 것으로써 이의 결과로서 탄생한 것이 CJK-JRG(china. japan, korea-Joint Research Group)였다. CJK-JRG는 그 후, 수차에 걸친 會合과 實務作業으로 마침내 1991년 中國, 臺灣, 日本, 韓國의 국가표준한자코드를 하나로 통합한 '國際統合漢字코드세트'를 완성하게 된 것이다. 이것이 1993년 국제표준화기구에 의해서 국제표준으로 발간된ISO/IEC 10646-1의 초판으로 「Information Technology -Universal Multiple-Octet Coded Character Set(UCS) — Part 1 : Architecture and Basic Multilingual Plane」이라는 이름으로 발간되었다. 이는 곧 「국제 문자 부호계(UCS) 제1부:구조 및 기본 다국어 평면」KS C-1995 라는 이름으로 번역되어 KS化 되었다.[46]

이러한 '국제한자통합코드세트'의 제정으로 인하여 이것을 효율적으로 이용할 수 있는 소프트웨어 프로그램만 개발되면 한자는 한자문화권 국가끼리는 물론 세계 각 국에서 정보 교환을 위해 일상으로 사용될 것이다. 이러한 상황인데도 우리가 한자 교육을 기피하고 한자의 사용 제한을 인위적으로 강행하는 것은 후진국으로의 전락을 자초하는 것이나 다를 바 없는 일이다. 따라서, 현 한국사회에서 한자의 상용과 교육은 하루 빨리 보다 강화되어야 한다.

---

46) 이춘택 편저, ≪국제통합한자코드 한국대표음·표준 자형집≫, 공주대학교 출판부, 1998 서문 p.2.

6. 결 론
– 한글은 한자와 함께 쓸 때 더 빛납니다

1948년 10월 9일, 대한민국 법률 제6호로 '한글 전용법'이 공포된 이후, 50여 년이 지난 오늘에 이르기까지 우리나라의 어문정책은 한글 전용으로 일관해 왔다. 물론, 그 동안에 많은 논란도 있었고, 그 논란의 향방에 따라 때로는 초·중·고등학교 교과서에 한자를 병기하기도 하고 때로는 교과서에서의 한자마저 완전히 제거하는 등 약간씩의 변화가 있기는 하였지만 그러한 변화는 학교에서의 한자 교육에 국한된 것이었고 모든 공용문서를 가로쓰기 한글 전용으로 한다는 정부의 기본 정책은 50여 년 동안 아무런 변함이 없이 일관되게 시행되어 온 것이다. 이러한 한글 전용정책 50년을 두고 한글 전용론자들은 우리나라의 문자 생활이 드디어 "한글 전용으로 굳어져 가고 있다"고 긍정적인 평가를 하고 있고, 이에 반해 국한문 혼용론자들은 "잘못된 어문정책을 더 이상 방관할 수 없다"는 입장을 보이고 있다. 이러한 까닭에, 1999년 2월 9일에 발표된 정부의 한자 병기 방침에 대해서도 한글 전용론자 들은 "반역사적인 처사"라고 혹평하는 반면, 국한문 혼용론자들은 "늦었지만 지극히 당연한 처사"라는 평가를 함으로써 양측이 완전히 다른 반응을 보이고 있다. 그렇다면, 이 시점에서 우리나라의 어문정책은 과연 어떤 방향을 택해야 할까? 50 여 년 동안 지속적으로 시행되어 온 한글 전용정책은 한글 전용론자들의 주장대로 이 상태로 굳어져도 과연 문제가 없는 것일까? 이 시점에서 우리는 지난 50여 년 동안 시행해 온 한글 전용정책을 되돌아보고 그 문제점을 찾아내어 시정하고 나아가서 필요하다면 우리의 어문정책 자체를 수정해야 한다. 왜냐하면, 우리나라의 한글 전용정책은 해방 직후 미 군정 당시에 우리 사회에 형성되어 있던 한글 존중주의는 곧 자주독립과 애국 애족의 상징이요, 한자사용은 곧 반민족적이며 친일의 잔재로 간주되었던 사회적 분위기와 미국의 새로운 문화통치 의도가 교묘하게 부합되면서 운명적으로 채택되기 시작한 정책이며 정책수립의 이론적 근거가 된 한글 전용론자 들의 주장 역시 학문적 객관성을 확보하였다고 하기보다는 해방 이후 실용주의를 표방한 우리나라의 정치·사회·교육의 분위기에 편승한 경향이 짙은 까닭에 시대가 바뀌어 국내의 정치·사회·교육적 분위기뿐만 아니라 국제적인 질서 또한 당시와는 판이한 지금의 관점으로 보면 당시 한글 전용론자들의 주장에서 많은 문제가 발견되기 때문이다. 한글 전용론자들의 주장은 당초부터 학문적 객관성이 결여된 부분이 많이 있었다. 이제는 보다 학문적이고 객관적인 입장에서 그들의 주장을 바로 잡을 필요가 있다.

    이에, 이 글에서는 한글 전용론자들의 주장을 비판적인 입장에서 점검해 보고, 나아가 보다 구체적이고 보다 다양한 시각으로 한자를 교육하고 사용해야할 새로운 이유들을 찾아 정리·제시함으로써 현 한국사회에서의 한자 사용 강화 필요성을 탐색하였다. 탐색한 결과를 요약하면 다음과 같다.

먼저, 기존의 한글 전용론자 들의 주장을 점검하기 위해 그들이 주장한 한글 전용의 이유를 9개 항목으로 정리하고 각 항목에 대해서 일일이 비판적인 검토를 하였다.

① 한글 전용은 교육적 효과를 높일 수 있다.
② 한자는 근본적으로 어려운 문자이다.
③ 한글은 우수한 우리문학 창작에 크게 유리하다.
④ 한글은 기계화가 용이하다.
⑤ 한글은 문자발달사상 가장 발전한 단계의 문자인 소리글자이고 한자는 뜻글자로서 소리글자보다 전 단계의 미개한 문자이다.
⑥ 한글의 우수성은 이미 세계적으로 인정받았다.
⑦ 한글은 민족문화의 발전과 보존에 유리하다.
⑧ 한글의 사용으로 민족 주체성을 보다 공고히 할 수 있다.
⑨ 시대적 상황이 한글 전용을 요구하고 있다.

① "한글 전용은 교육적 효과를 높일 수 있다"는 주장을 확인하기 위하여 중학생 138명, 고등학생 125명, 중·고등학교 교사 88명, 대학생 261명을 대상으로 설문조사를 실시한 결과 한글 전용론자들의 주장과는 전혀 다른 결과를 얻었다. 중학생의 86%, 고등학생의 89%, 교사의 89%가 한자를 알아야 학습 효과를 올릴 수 있다고 답하였으며, 대학생의 경우에는 무려 93%가 한자를 알아야 학습의 능률과 효과를 높일 수 있다고 답하였다. 따라서 한글 전용이 교육의 효과를 높일 수 있다는 주장은 매우 잘못된 주장이다.

② 한글 전용론의 선구자인 최현배는 한자의 난해성을 7개항으로 요약하여 제시하면서 "한자는 근본적으로 어려운 문자"라고 하였는데 그것은 지극히 개인적인 편견에 불과하다. 그는 특히 한자는 획수가 많고 또 글자 수도 많기 때문에 한자의 종주국인 중국마저도 한자를 폐기하려하고 있다고 하였는데 중국의 실상은 전혀 그렇지 않다. 중국의 문자 간화정책은 공산당 정부의 일방적 선택에 의해 채택된 것으로서 결코 학문적 '진(眞)'을 바탕으로 국민적 합의 하에 채택된 정책이 아니다. 따라서 현 중국 정부도 더 이상의 한자 간화를 이미 포기한 상태이고 중국의 학자들도 번체자의 회복을 조심스럽게 논의하고 있으며 국민들도 번체자 회복의 필요성을 느끼고 있다. 한자의 획수 많음으로 인한 소위 '난사(難寫:쓰기 어려움)'의 문제는 컴퓨터의 발달로 이미 거의 완벽하게 해결되었으므로 현 시점에서는 아예 논의의 대상이 될 수 없는 문제이다. 한자의 글자 수가 많음을 들어 한자를 어려운 문자로 보는 견해 역시 매우 잘못된 견해이다. 한자는 한글이나 영문자 같은 음소문자와는 전혀 성격이 다른 어소문자이기 때문에 그 어소문자의 특징과 장점을 안다면 어소문자를 자의적으로 음소문자와 비교하여 "한글은 24자인데 한자는 수 만 자"라는 식의 숫자 대비를 들어 한자를 어려운 문자로 오도하는 비학문적인 주장을 할 수는 없을 것이다. 따라서 한글 전용론자들이 내세우는 "한글은 24자인데 한자는 수 만 자"라는 식의 주장은 전혀 의미 없는 숫자 놀음에 불과한 것이다.

③ 한글 전용이 우리문학 창작에 유리하다는 주장 또한 설득력이 없는 주장이다. 한문 문학 작품이나 국한문을 혼용하여 창작한 문학작품은 그 나름대로의 특색과 우수성이 있고 순 한글로 창작된 문학

작품 역시 그 나름대로의 특색과 우수성이 있다. 따라서 이들 양자 사이의 관계는 특성상 차이점을 들어 논해야 할 관계이지 우열을 논할 관계는 아니다. 오히려 한글과 한자를 혼용했을 때 보다 깊이 있는 문학 작품을 창작할 수 있고 또 한글과 한문을 적절하게 배합하고 응용한 독특한 문학 장르를 개발할 수도 있다. 김일로 시인의 한글과 한문을 교묘하게 이용한 시작품이 바로 좋은 예이다.

④ 한글만이 기계화가 용이하다는 주장은 컴퓨터가 고도로 발달한 현 시점에서는 전혀 설득력이 없는 주장이다.

⑤ 한글은 문자발달사상 가장 발전한 단계의 문자인 소리글자이고 한자는 뜻글자로서 소리글자보다 전 단계의 미개한 문자이기 때문에 한글을 전용해야 한다는 주장은 이분법적 형식논리에 바탕을 둔 무모한 주장이다. 이는 마치 텔레비젼이 나왔으니 텔레비젼보다 전 단계의 대중매체인 라디오는 모두 수거하여 폐기 처분해야 한다는 주장이나 다를 바 없다. 한글은 문자 발달사상 가장 발전한 단계의 소리글자라는 점은 맞는 말이다. 그렇다고 해서 그것이 한자를 안 써야할 이유가 되는 것은 아니다. 그리고 한자가 뜻글자라고 해서 결코 미개한 문자인 것도 아니다. 우리가 한글과 한문을 혼용하는 문자 생활을 한다면 우리는 세계에서 가장 우수한 소리글자와 세계에서 우수한 뜻글자를 함께 사용하는 셈이 된다. 이는 가장 이상적인 문자생활을 누리고 있음을 뜻한다.

⑥ 한글의 우수성을 세계가 이미 인정하였기 때문에 한글을 전용해야 한다는 주장 역시 논리적인 비약이다. 한글이 우수한 문자임에는 틀림이 없으나 그 우수성이 2000년 이상의 역사 속에서 우리의 문자생활에 깊이 뿌리를 내린 한자의 효용까지를 대신해 주지는 않는다.

우리말의 70% 이상을 차지하고 있는 한자어에 대한 어원적 설명과 이해를 위해서 한자 사용은 절대적으로 필요하다. 특히 '언어의 외연(外延)과 내연(內延)'이라는 학문적 개념을 들어서 볼 때 최현배가 주장한 "언어는 어원은 전혀 따질 필요 없이 현시적(現示的)이고, 평판적(平板的)으로만 쓰면 그만(그 말이 가지고 있는 깊은 뜻이나 여러 뜻은 염두에 둘 필요 없이 현재 말하는 사람이 표현한 한가지 뜻과 현재 활자가 담고있는 한가지 의미로만 쓰면 그만"이라는 주장은 원천적으로 잘못된 주장이다. 따라서 그의 그러한 주장이 바탕이 되어 수립된 한글 전용정책은 문자 생활의 혼란과 사회의 혼란과 학문의 피폐 등 엄청난 폐해를 낳았다. 한글 전용론자들이 한자를 사용하지 않음으로 인하여 발생한 각종 폐해를 극복하기 위한 수단으로 제시한 소위 "쉬운 한글로 풀어쓰기"는 자가당착의 모순일 뿐 우리 국민의 언어 생활에 도움을 주지 못하였다.

⑦ 한글 전용론자들은 한글은 민족 문화의 발전에 유리하다고 하면서 이 땅에 한자가 들어오기 전 순수 우리말 시대의 옛 문화만을 우리 문화로 보아야 한다는 주장을 하는데 그것은 일종의 쇼비니즘 내지는 소아적, 쇄국적 견해이다. 2000년 이상 한자를 빌어 써서 이룩한 우리의 문화를 당당히 인정해야 하고 이 시점에서 진정으로 민족 문화를 발전시키기 위해서는 한자 사용을 강화하여 민족의 문화 유산에 대한 이해를 깊게 하고 일상의 문자 생활에서 한글과 한자를 아울러 써야 한다는 사실을 하루 빨리 깨달아야 한다.

⑧ 한글을 전용함으로써 민족의 주체성을 확립할 수 있다고 하는 주장의 타당성을 확인하기 위해 대학생들을 상대로 설문조사를 한 결과 우리나라의 대학생들은 이미 언어나 문자는 편리한 대로 사용하는

도구에 불과한 것이지 언어나 문자 자체를 애국심이나 민족정신과 관련지으려 하는 의식을 가지고 있지 않다는 점을 확인하였다. 진정한 의미의 민족 주체성 확립은 한자 교육을 통하여 우리민족의 문화 유산을 직접 접하게 하여 민족에 대한 자긍심을 갖게 하는 데에 있음을 알아야 한다.

⑨ 시대적 상황이 한글 전용을 요구하고 있다는 주장은 이미 철 지난 주장이다. 중국의 개혁 개방과 한자문화권 문화에 대한 서구인들의 관심 등 국내외의 환경이 판이하게 달라진 지금은 오히려 시대적 상황이 한자 교육과 한자 사용의 강화를 요구하고 있다.

이상과 같이 한글 전용론자들의 주장을 검토·비판하는 과정을 통하여 한글 전용론자들과 한글·한자 혼용론자들 사이의 근본적인 견해 차이가 무엇인지를 알아낼 수 있었다. 한글 전용론자들은 '실용적 편리성'을 표방하여 언어에 대해서 깊이 있는 어원적 설명이 필요하지 않다는 생각을 가지고 있고, 이에 반하여 국한문 혼용론자들은 '근원적 진지함'을 견지하여 언어는 그 속뜻까지를 깊이 있게 알고 써야 한다는 생각을 가지고 있다. 그런데, 해방 이후 한글 전용법 선포로부터 박정희 정부에 의한 한글 전용 방침 확정에 이르기까지, 그 기간은 우리 민족에게 '근원적 진지함'보다는 '실용적 편리함'이 더 매력 있어 보였고 더 필요한 주의(主義)로 여겨졌던 시기였다. 따라서 그 시기에는 한글 전용론자들의 주장이 국민적 지지를 보다 많이 얻을 수 있었고, 또 실용을 추구하고 재빠른 경제 발전을 지상의 목표로 추구하였던 정부의 정책과도 부합되었으므로 정부 또한 한글 전용정책을 선택하게 되었다. 다시 말해서 당시에 한글 전용정책이 선택된 것은 당시의 시대적 상황과 사회적 분위기에 편승한 것이었지, 학문적으로 '진(眞)'이었기 때문은 아니다. 그러나 21세기로 접어든 지금은 이제는 실용적 편리함에 지나치게 물들어 있는 우리 자신을 되돌아보고 보다 진지하게 삶을 설계해야 한다는 반성의 목소리가 높아지고 있다. 이제 고속 성장 위주의 실용 만능에서 벗어나 보다 진지하게 근원을 생각해야 할 때다. 우리의 어문정책도 미래에 대한 큰 안목을 갖지 못하고 눈앞의 실용만을 우선적으로 추구했던 한글 전용으로부터 벗어나 보다 근원적인 차원에서 실용을 보더라도 보다 거시안적인 실용을 보는 눈을 가지고 하루 빨리 국한문혼용으로 돌아와야 한다. 한글은 한자와 함께 사용할 때 더욱 빛이 난다. 우리의 자랑스러운 문화 유산인 한글을 빛내기 위해서라도 우리의 어문 정책은 국한문 혼용정책으로 바뀌어야 하는 것이다. 그것이 우리나라와 우리민족의 장래를 보다 더 풍요롭고 아름답게 보장하는 길임을 알아야 한다.

이상으로 한글 전용론자들의 주장에 대해 비판적으로 검토하는 과정을 통해서 한자의 교육과 사용을 강화해야 할 필요가 이미 분명하게 밝혀졌다. 그러나, 이 외에도 현 한국 사회에서 한자의 사용과 교육을 강화해야 할 이유는 얼마든지 더 찾을 수 있다.

우선, 한글에 비추어 본 한자의 특성과 장점을 동음어 식별력, 조어력, 축약력, 의미 보존력 등에서 찾고 아울러 표음문자와 표의문자를 혼용하였을 경우에 얻을 수 있는 이점을 정리해 보면 한자 사용의 필요성을 더욱 절실하게 체감할 수 있다. 한글 전용론자들은 앞 뒤 문장의 문맥을 잘 살피고, 또 가능한 한 문장을 한글로 풀어씀으로써 동음이의어 문제를 비롯한 모든 문제를 해결할 수 있다고 주장하지만 그것만으로는 특수한 학술 용어는 물론이려니와 일상 언어생활에서의 동음이의어 문제마저도 해결할 수 없다. 그리고 조어력에 있어서는 이미 한글 전용정책을 50여 년 동안 시행해 왔음에도 불구하고 그 50여 년 동안에 늘어난 신조어가 거의 대부분 한자말로 되어 있다는 점을 통하여 볼 때 우리는 한자가 가지고 있는 우수한 조어력을 다시 한번 인정할 수밖에 없으며 이처럼 신조어가 대부분 한자어로 되어 있기 때문에 지난 반세기 동안 한글 전용정책을 써 왔음에도 불구하고 우리말에서 한자어가 차지하는 비율은 줄지 않고 오히려 증가했다. 축약어의 경우, 순수 한글로 된 축약어에서는 아예 축약의 의미를 확인할 수가 없다. 한자를 이용한 축약어만이 축약어의 내부에 축약 전의 의미가 보존되어 있다. 의미 보존력은 뜻글자인 한자가 가지는 최대의 장점으로서 소리글자인 한글이 미칠 바가 아니다. 한자의 이러한 장점을 이용하여 한글의 단점을 보완한다면 우리 국민은 매우 이상적인 문자 생활을 할 수 있다. 따라서 세계에서 가장 우수한 소리글자인 한글과 세계에서 가장 발달된 뜻글자인 한자를 함께 사용할 수 있다는 점 자체가 문화적인 복을 누리는 것이라고 할 수 있으므로 우리 사회에서 한자를 폐기하는 것은 크나큰 손실이라고 아니할 수 없다. 한자와 함께 쓸 때 한글은 더욱 빛난다는 사실을 정말 깊이 있게 이해해야 할 것이다.

다음으로 우리 사회의 현실적 문자 생활의 실상을 국어사전에 수록된 한자어의 어휘 수와 각급 학교의 교과서에 등장하는 한자어의 실태, 두 방면에서 분석해 봄으로써 현 한국 사회에서의 한자 사용 강화 필요성을 보다 더 절실하게 증명할 수 있는데 먼저 국어사전에 수록된 한자어의 비율을 1991년 판 삼성문화사의 《국어 대사전》을 대상으로 표본 조사해 본 결과 무려 77.9%나 되었다. 비록 이것이 표본 조사이기 때문에 조사 결과를 100% 다 수용할 수는 없는 한계가 있음을 인정한다고 하더라도, 이응백이 1961년에 출간된 이희승의 《국어 대사전》을 조사해서 얻었던 67.02%보다 10% 이상 증가한 것이어서 그 동안에도 한자어는 지속적으로 늘어났음을 짐작할 수 있다. 각급 학교의 교과서에 수록된 한자어를 조사해 본 결과 교과서 역시 여전히 한자어가 많이 있었다. 그런데, 이들 교과서상의 한자어는 불필요하게 많이 사용된 것이 아니라, 한자어를 안 쓰고서는 달리 표현할 길이 없는 전문 용어들이다. 한글의 단점을 한자가 확실하게 해결해 주고 있는 좋은 예이며 한자와 함께 쓸 때 한글이 더욱 빛난다는 사실을 확인하게 해주는 좋은 예이다. 따라서 이러한 한자어들을 한자를 이용한 어원적인 설명이 없이 마치 외국어 단어를 외우듯이 외우게 하고 있는 현재의 학교 교육은 심각한 문제를 안고 있는 것이다.

다음으로 학문 연구상의 필요를 중심으로 한자 사용 강화의 필요성을 점검해 보았다. 그 결과, 한자를 모르는 탓에 학문 연구의 기초인 '기존의 연구 업적에 대한 이해와 평가'가 거의 이루어 질 수 없으며, 최근에 나온 한자문화권의 문화와 학문에 대해 연구한 학위 논문의 상당수가 원전을 도외시한 채, 최근 2~30년 사이에 나온 2차 자료에 의존하여 작성되고 있어서 깊이 있는 학문적 업적을 내지 못하고 있음을 확인할 수 있었다. 뿐만 아니라, 한자를 모르는 탓에 용어에 대한 어원적 접근이 불가능하여 학문의 기본인 개념에 대한 명확한 정의와 함축적인 정리도 제대로 이루어지지 않고 있다. 이러한 상황을 통해서 볼 때 한글 전용이라는 어문정책이 학문연구에 미친 부정적 영향은 가히 치명적이라고 할 수 있다

다음엔 기왕의 연구자들에 의해 거의 언급된 적이 없는 새로운 측

면인 예술적 측면에서의 한자사용 강화 필요성을 탐색해 보았다. 서예는 서양에는 없는 한자문화권 특유의 예술 장르로서 한자문화권 예술의 정수라고 할 수 있는데, 우리나라에서는 지난 50여 년 동안 한글 전용정책을 펴옴으로 인하여 지금은 서예가 거의 소멸 상태에 놓일 정도로 쇠잔해 버렸다. 이에 반해 일본은 일본 내에 서예가 크게 성함은 물론, 해외에까지 일본 서예를 보급하고 있으며 중국은 1978년 개혁 개방의 신시기를 맞이하면서부터 전국적으로 서예 붐(Boom)이 일어서 서예를 세계의 문화 시장에 내놓을 준비를 하고 있다. 안평대군, 한석봉, 김정희 등 선대 명필의 지고한 서예의 경지를 이해하고 이들 문화유산을 계승·발전시키기 위해서 뿐 아니라, 다른 한자문화권 국가들로부터 고립 당하지 않기 위해서라도 서예는 활성화되어야 하고, 그렇게 하기 위해서는 한자 교육과 한자 사용은 반드시 강화되어야 한다. 한글 서예는 문자 구조의 단순성으로 인하여 서예로서는 한계가 있다.

마지막으로 시대적 상황과 국제환경의 변화라는 측면에서 한자 사용강화의 필요성을 점검해 보았다. 중국의 세계무대에서의 주도적인 역할과 머지않아 새로운 패권국으로 부상하게 되리라는 헌팅턴의 예견, 소위 '아시아적 가치'에 대한 세계인들의 관심 등으로 인하여 한자는 또 하나의 세계문자로 대두될 가능성이 많다. 게다가 국제 통합 한자 코드가 제정됨으로 인하여 한자는 이미 아시아 지역 한자문화권 국가의 공용어 역할을 담당하고 있다. 이러한 국제 환경의 변화 속에서 문화적 고아가 되지 않기 위해서라도 우리 사회에서의 한자 사용은 강화되어야 한다.

이상으로 탐색하고 연구 결과를 요약하였다. 끝으로 "한자의 사용과 교육을 지금보다 강화해야 한다는 주장에 대한 귀하의 결론적 견해는 어떻습니까?" 라는 질문에 대해 다양한 전공의 대학생 253명이 응답한 결과를 다시 한번 제시한다.

〈표 16〉

구 분	필요가 있다	필요가 없다	계
응답자 수	181	72	253
비율(%)	71.5	28.5	100

이제, 우리나라의 어문정책은 바뀌어야 한다. 어떤 형태로든 지금보다는 한자의 사용과 교육을 강화하는 방향으로 바뀌어야 한다. 인위적인 한글 전용정책으로 문자 사용을 통제할 것이 아니라, 필요에 따라 한글로만 써도 충분한 부분은 적극적으로 우리 한글의 우수성을 살려 한글로 쓰고, 한자를 병기하거나 혼용해야 할 필요가 있을 때는 그렇게 쓰도록 해야 하고, 또 그렇게 가르쳐야 한다. 왜냐하면 한자와 함께 쓸 때 한글도 더욱 빛나기 때문이다. 이제, 한글 전용이라는 이름 아래 문자 생활을 제한해서는 안 된다. 지난 반세기 동안 한글 전용정책을 시행해 온 결과 잃은 것이 너무나 많다. 따라서, 일단은 문화 회복의 차원에서라도 어떤 형태로든 한국에서의 한자 사용과 교육은 현 수준보다 훨씬 더 강화되어야 한다. 한글 전용정책을 뒷받침해 온 한글 전용론자들의 주장에 심각한 모순과 오류가 있음이 확인된 이상 앞으로도 계속 한글 전용을 고집한다면 그것은 참으로 의미 없는 논쟁이 되고 말 것이다. 이제 우리는 교육적 필요성, 일상의 문자 생활상의 필요성, 학문적 필요성, 예술적 필요성, 국제환경의 변화에 적응해야 할 필요성 등 각 방면에서 크게 대두되고 있는 한자 사용 강화에

대한 강렬한 필요성을 객관적으로 직시하고 그것을 수용하여 우리 사회에서 한자교육을 강화하고 한자의 사용을 확대하는 방향으로 어문정책을 하루 빨리 개선해야 할 것이다.

한자의 사용과 교육을 강화하자는 주장을 무조건 한자를 많이 쓰자는 주장으로 오해해서는 안될 것이다. 우리는 당연히 가능한 한 한글을 많이 써서 우리의 문자인 한글을 갈고 닦아야 한다. 그렇다고 해서 불편과 손실을 감수하면서까지 한글만을 쓸 것을 주장하는 것은 결코 바람직한 주장이 아니다. 무리한 한글전용정책의 강행으로 한자 사용을 통제할 것이 아니라, 필요에 따라 한글로만 써도 충분한 부분은 적극적으로 우리 한글의 우수성을 살려 한글로 쓰고, 한자를 병기하거나 혼용해야할 필요가 있을 때는 그렇게 쓰도록 해야 하고, 또 그렇게 가르쳐야 한다. 그것이 진정으로 한글을 빛내는 길이고 우리의 문자생활을 풍부하게 하는 길이다. 이제 우리는 우리만이 가진 세계적으로 우수한 표음문자인 한글을 세계에서 가장 발달된 표의 문자인 한자와 함께 사용할 때 한글도 더욱 빛난다는 사실을 열린 가슴으로 인정해야 할 것이다.

參 考 文 獻

≪단행본≫
- 최현배, 한글의 투쟁, 정음사, 단기 4287.
- 최현배, 한글만 쓰기의 주장, 정음사, 1970.
- 최현배, 글자의 혁명, 정음문화사, 1983.
- 최현배, 나라 사랑의 길, 정음사, 단기 4291.
- 최현배, 조선 민족 갱생의 도, 정음사, 1976.
- 최현배, 나라 건지는 교육, 정음사, 1975.
- 남광우, 國語國字論集, 일조각, 1982.
- 남광우, ≪現代國語國字의 諸問題≫(一朝閣, 1977).
- 남광우, 한국에 있어서의 한자 문제에 대한 연구, 국어연구소 연구 보고서, 1987.
- 남광우, 국어학 연구, 이우출판사, 1978.
- 남광우, ≪대학교양국어≫<한글과 국어>, 인하대학교, 1983.
- 오지호, 알파벳 문명의 종언, 삼연사, 1979.
- 논문집 간행 위원회, 외솔 최현배 박사 고희 기념 논문집, 정음사, 1968.
- 논문집 간행 위원회, 눈뫼 허 웅 박사 환갑 기념 논문집, 과학사, 1978.
- 이강로, 한글과 한자의 만남, 신구문화사, 1987.
- 성원경, 중공간화자, 건국대학교 출판부, 1985.
- 이응백, 국어교육사연구, 신구문화사, 1975.
- 이응백, (속)국어교육사연구, 신구문화사, 1988.
- 이익섭, 국어사랑은 나라사랑, 문학 사상사, 1998.
- 허만길, 한국 현대 국어 정책 연구, 국학 자료원, 1994.
- 김문창, 국어 문자 표기론, 문학 세계사, 1984.
- 국어 순화 추진회 엮음, 우리말 순화의 어제와 오늘, 미래 문화사, 1989.
- 김계곤, 우리말·글은 우리 얼을 담는 그릇이니, 어문각, 1994.

· 김민수, 민족어의 장래, 일조각, 1985.
· 한글학회 대구지회, 우리말을 위하여, 영한문화사, 1996.
· 朴英燮, ≪國語漢字語의 起源的 系譜 硏究≫, 솔터, 1994.
· 이익섭외 2인, 한국의 언어, 신구문화사, 1997.
· 한자는 왜 알아야 하는가? -국한문 혼용의 당위성-, 한자교육진흥회, 1992.
· 최창렬, 말과 의미, 집문당, 1999.
· 문정복, 언어와 논리, 형설 출판사, 1987.
· 고창수 편, 한국어와 인공지능, 태학사, 1999.
· 김병선, 국어와 컴퓨터, 한실, 1992.
· 이택후저, 손세제 역, 중국 현대 사상사론, 교보문고, 1991.
· Franke, Wolfgang 저, 신용철 역, China's Kulturelle revolution(중국의 문화 혁명), 탐구당, 1983.
· 氷心 외 2인 저, 김태만 외 3인 역, 그림으로 읽는 중국 문학 오 천년, 예담, 2000.
· 동아시아 문화 포럼, 동아시아의 문화와 사상(제1호~3호), 열화당, 1998, 1999.
· 소광희 외 9인, 현대 학문의 체계, 민음사, 1994.
· 성환갑, 고유어의 한자어 대체에 관한 연구, 중앙대학교 대학원 박사학위 논문, 1983.
· 한국청년문화연구소, 한국교육 이천년사, 1982.
· 이용로, 언어정책의 역사적 연구, 한글 전용 국민실천회, 1969.
· 張源柱, 우리나라 한자교육정책에 관한 연구, 이화여대 출판부, 1991.
· 白天基, 초등학교 한자교육정책에 관한 연구, 인하대학교 출판부, 1997.
· 임홍식, 중등학교 한자교육 실태연구, 계명대학교 출판부, 1982.
· 김병선, 한글 기계화 어디까지 왔나,「말글생활」, 말글사, 1994.
· 이춘택, 국제통합한자코드 한국대표음・표준 자형집, 공주대학교 출판부, 1998.
· 한글학회, 큰사전 1~ 6권, 을유문화사, 1995.

- 李熙昇, 국어대사전 民衆書館, 1961.
- 한글학회, 고치고 더한 쉬운 말 사전, 1984.
- 한글학회, 큰사전 1~6권, 을유문화사, 1957.
- 한국어사전 편찬회, 국어대사전(상, 중, 하), 1991.
- 김일로, 頌山河, 신일정판사, 1982.
- 語文出版社 編輯部, 國家言語文字定策法規滙編, (중국)語文出版社, 1996.
- 〃 , 現代漢字 規範化 問題, (中國) 語文出版社. 1995.
- 〃 , 漢字問題學術討論會 論文集, (中國)語文出版社. 1988.
- 〃 , 言語文字規範手冊, (中國)語文出版社, 1997.
- 國家言語文字工作委員會漢字處 編, 現代漢語通用字表, (中國)語文出版社, 1989.
- 鄧小平, ≪建設有中國特色的社會主義(增訂本)≫ 北京人民出版社, 1987.
- 고제희, 누가 문화재를 벙어리 기생이라 했는가, 다른 세상, 1999.
- 전국한자교육추진총연합회, 한글＋한자문화, 제1호(1999.8)~제12호(2000.7)
- 한글학회, 「한글새소식」, 1977~2000.7.

≪논문≫

- 李榮, <漢字的演變與漢字的將來>, ≪中國語文≫, 1986年, 第5期, 中國社會科學出版社.
- 淑 相, <繁體簡體的糾紛>, ≪中國語文≫, 1986年, 第3期, 中國社會科學出版社.
- 尹義淳, <광복사십년의 한자・한문교육 개관>, 서울대≪선청어문≫, 1988.
- 梁堯生, <한자교육과 한글 전용에 대한 설문 분석>, ≪어문연구≫, 1979.
- 남광우, <교육개혁은 한자혼용에서 출발해야>, ≪월간조선≫, 조선일보사 1995.
- 김정흠, <국한문혼용에 대한 과학적 고찰>, ≪어문연구≫, 1984.
- 이용주, <문자 정책 현안으로서의 한자폐지>, ≪국어생활≫, 1990.
- 李應百, <國語辭典 語彙의 類別 構成비로 본 漢字語의 重要度와 敎育問

題>,≪語文硏究≫제8권 제3호, 1980.
- 朴湧植, <初中學校 全敎科書에 國漢文混用을>,≪語文硏究≫ 25·26合倂號 1980.
- 安鍾沄, <自由民主政治體制下의 語文政策의 길>,≪語文硏究≫25·25 合倂號, 1980.
- 梁堯生, <漢字表記語와 한글表記語의 情緖意味 比較硏究>,≪語文硏究≫ 27호, 1980.
- 閔丙俊, <國字問題>,≪語文硏究≫ 38호, 1983).
- 李乙煥, <漢字語의 意味論的 特性>,≪語文硏究≫ 제18권 제1·2호, 1990.
- 鄭龍起 <情報化 社會의 常用漢字>,≪語文硏究≫ 제21권 제1·2호, 一朝閣, 1993.
- 金忠烈, <東洋에서 본 現代文明의 危機>, ≪週刊朝鮮≫朝鮮日報社, 1984. 6. 24.
- 이춘택, <국제통합한자코드의 내용 및 향후대책>,≪도서관≫ 323호, 국립중앙도서관, 1992.
- 張炳玉, <'中國特色의 社會主義'建設과 새로운 國際秩序>,≪中國硏究≫통권 5호,大陸硏究所, 1994.
- 김요기, <유가윤리와 경제 발전-베버학설의 새로운 탐색>,≪동아시아, 문제와 시각≫, 문학과 지성사, 1995.
- 김재철, 중국對동아시아경제협력정책>,≪동아시아협력의 정치경제-일본· 중국·러시아를 중심으로≫, 世宗硏究所, 1994.
- 李應百, <韓·中·日의 漢字敎育>,≪第2回 21世紀 漢字文化圈內 生活漢字問 題國際討論會논문집≫, 國際漢字振興協議會·建榮育英財團, 1994.
- 金炳基, <21세기 書藝 발전할것인가,淘汰될것인가>,≪書藝學術大會論文集≫, 세계서예全北Biennale運營委員會, 1997.
- 王 鏞,<中國書法的現狀未來>,≪靑年作家 韓中日 國際交流展紀念논문집≫, 예술의 전당, 1997.

中文提要

　　我國的「韓文專用法」自1948年頒布迄今已五十餘年，此期間我國政府致力在國民生活中推行此項語文政策。然而對此政策，不論是學術界或民間都仍存在着兩極化的意見。一方面，所謂的"韓文專用論者"強力地支持此政策，并認爲我們的社會中，"韓文專用"的語文生活已經成功地穩定下來；另一方面，國(韓)‧漢文混用論者則繼續反對此韓文專用政策，提出了「不能再對此語文政策袖手旁觀」的呼籲。兩方論者意見僵持不下，到底我國的語文政策該何去何從？現在，在這二十一世紀起點的歷史新關口，該是愼重檢討我國語文政策的時刻，因爲，五十多年歲月的流逝，國內外的局勢已大幅轉變，語文實際應用環境旣然已經變遷，語文政策就應重新審酌利弊，調整出符合實際需要的語文政策。

　　有鍵於此，本論文先將蘊育出「韓文專用法」的韓文專用論者的理論做條縷爬梳的整理，將其歸納爲九個項目，然后對之一一進行討論，從而究明當今我國社會裏加強使用漢字的必要性。

　　結果，我們發現韓文專用論者所主張的九個理論基礎，有的因現實局勢的改變已經不具意義，有的則是理論基礎薄弱再加上推論過程的偏差，根本是站不住脚的。例如他們所提"漢字筆划繁‧字數多，所以漢字是非常難用的文字"的說法，完全是未能眞正認識漢字特性所導致的錯誤看法。漢字基本上屬一字一義的語素文字，它和韓文‧英文等拼音文字是完全不同的體系。漢字的一個字就是一個詞(意味素)，所以學會了常用漢字2,000多個字不代表徒知這2,000多的漢字，而是意味着掌握了由這2,000多字所派生出的几萬個，甚或几十萬個詞語的運用能力的鑰匙。相反的，韓文或英文這類的音素文字，日常所用的几萬甚或几十萬個詞語，一一得靠拼音組成，所以也就需一一背誦記憶，完全沒有捷徑可尋。顯而易見的，漢字在學習運用上有其不可替代的科學體系性，它絕不是難學難用的文字。至於漢字筆劃繁多的問題，在電腦作業發達的今天，這個問題已經喪失了討論的必要。

漢字進入我國的文化歷史已兩千多年，到目前，我們的實際語言中漢字詞語占了70%，這樣的語言實況是不容漠視的。這樣的情況下，我們若不懂漢字就只能大略地知道漢字詞語的表面意義，而無法觸及該詞語的本意和深義，這對我們追求教育效率的提高有着明顯負面影響，更對我們對深度文化藝術的追求產生了深遠的影響，這值得我們深思再三。

透過如上的討論，我們發現了韓文專用論者與國(韓)・漢文混用論者根本見解上的差異來自於前者着力追求「實用上的方便性」，相對的後者則講究「根源性的認真」。欲了解此現象宜將眼光放置到適當的歷史點上觀察。自1945年代我國和美國政府特殊的關係下採行了韓文專用政策之後，到朴正熙政府對韓文專用政策的進一步推行，這一段期間國民喜求實用性、便利性，我國政府因推動國內的經濟建設之需，政策上也就偏向實用和方便性。韓文專用政策正好吻合了這樣的社會氛圍和需求，從而它就在國民的默許下展開，而政府也就理所當然地將之具體化為積極政策項目而全力推行。所以這五十多年間推行的韓文專用政策，只能說它是當時社會特殊情緒下的產物，而非因其具備了客觀學問上的"真"。

因如此片面性的實用性,方便性而被採取的韓文專用政策，其弊病在時代的流變中越來越清晰可見 - 如一般國民無法理解實際上實用頻率很高的漢字詞語的本意和深義，無法運用該詞語的引伸義和擴大義，不能閱讀古籍，不能欣賞我國民族文化遺產所具有的深層意蘊。而此種種弊端更導致了教育效率的降低，對民族的自豪感更有着莫大的殺傷力，這些負面的潛在影響層面之廣深，實難以估量。經過如上的究理過程，漢字教育的重要性不言自喻，故而，現在正是我國語文政策重新布局的關鍵時刻。

最后，在此附上一個統計資料，這是對各個不同專業領域的大學生調查他們對加強使用漢字的意見，結果顯示，在253個有效樣本中，贊成需要加強的有181人，占了71%強。雖然樣本數不夠大，但仍不失參考价值。

<表>

	定要加強	不必加強	計
答應人數	181	72	253
比率(%)	71.5	28.5	100

부 록
설 문 지 분 석

- 설문지 1 – 중·고등학생 및 교사용
- 설문지 2 – 대학생용

| 설문지 1 | 중·고등학생 및 교사용 |

★ 본 설문조사는 순전히 연구 목적으로만 사용됩니다. 연구에 큰 도움을 주신다는 자부심을 가지시고 성실하게 답해주시면 감사하겠습니다.

※ 다음은 교육부에서 펴낸 중학교 국사(하) 44~45쪽에 나오는 문장들입니다. A형은 현행 교과서대로 한글로만 써놓고 그에 따른 교육 방법을 제시하였고, B형은 주요 단어에 대해 ( )안에 한자를 써넣고 그에 부합되는 교육방법을 제시하였습니다. A형과 B형을 잘 비교해 보시고 아래의 물음에 답해 주시기 바랍니다.

	A 형	B 형
교과서 문장	·정권에서 소외된 많은 양반들은 경제적으로도 몰락하여 잔반이 되었다. ·납속책의 확대로 웬만큼 재산이 있는 상민은 쉽게 신분을 높일 수 있었다.	·정권에서 소외된 양반들은 경제적으로도 몰락하여 잔반(殘班)이 되었다. ·납속책(納粟策)의 확대로 웬만큼 재산이 있는 상민은 쉽게 신분을 높일 수 있었다.
주요 단어	·잔반 ·납속책	·잔반(殘班) ·납속책(納粟策)
교육 방법	·'잔반'이란 당파 싸움이나 조정내에서의 권력 다툼에서 밀려 권력을 잃게 됨으로써 경제적 능력까지도 상실하게된 허울만 양반인 양반을 말합니다. ·납속책이란 곡식을 헌납하면 그에 상응하는 상을 주거나 청을 들어주는 제도로서 조선 후기에는 돈 많은 상민들이 납속책을 이용하여 신분 상승을 꾀하였습니다.	·'잔반(殘班)'의 '잔(殘)'은 '쇠잔할 잔, 나머지 잔'자입니다. 그러므로 '잔반'이란, 「정치적 권력과 경제력을 잃은 쇠잔한 나머지 양반」이라는 뜻입니다. ·'납속책(納粟策)'의 '납(納)'은 '바칠 납'자 이고 '속(粟)'은 '곡식 속'자입니다. 그리고 '책(策)'은 '정책'이라는 뜻입니다. 그러므로, '납속책'이란, 부자들이 관청에 곡식을 바치면 그에 상응하는 상을 주거나 청을 들어주는 제도로서 조선 후기에는 돈 많은 상민들이 이 납속책을 이용하여 신분 상승을 꾀하였습니다

≪문항≫ 선택하신 답에 ∨표시를 해 주십시오

1. 『A형은 암기식 공부이고 B형은 이해식 교육이라고 할 수 있다.』고 주장하는 사람이 있다면 그의 주장에 대한 귀하의 견해는 어떻습니까?
   ①맞는 말이라고 생각한다.   ②거의 맞는 말이다.   ③틀린 말이다.

구 분	중학생			고등학생			교사		
조사자수	138			125			88		
응답자수	①	②	③	①	②	③	①	②	③
	73	45	20	71	40	14	39	39	10
비율 (%)	53	33	14	57	32	11	44	44	12

2. A형과 B형을 비교해 본 후, 갖게된 귀하의 생각은 어떠합니까?
   ① A형만으로도 충분히 이해가 된다. 굳이 ( )안에 한자를 넣을 필요가 없다.
   ② B형으로 배우면 훨씬 이해가 빠르고 기억도 오래 될 것 같다. 한자를 다 외우거나 쓰게 할 필요 없이 그냥 ( )안에 한자를 써 넣어주고 그 한자를 이용하여 뜻풀이만 해주면 좋겠다.

구 분	중학생		고등학생		교사	
조사자수	138		125		88	
응답자수	①	②	①	②	①	②
	57	81	37	88	19	69
비율 (%)	41	59	30	70	28	78

3. 중·고등학교 과정의 모든 교과서를 B형으로 바꾸고, 교육방법도 B형으로 바꾼다고 한다면 그에 대한 귀하의 생각은 어떻습니까?

① 비록 한글이 세계적으로 우수한 문자이고 우리 민족의 얼이 담긴 글자이기는 하지만, 우리가 현재 일상생활에서 사용하고 있는 단어의 60~70 %이상이 한자어이기 때문에 B형으로 바꾸면 뜻 구별이나 뜻풀이가 쉬워져서 학습효과도 높일 수 있을 뿐만 아니라, 중국, 일본, 북한, 동남아 지역 등에서 널리 쓰고 있는 한자도 함께 배울 수 있게 되어 크게 도움이 될 것이다.

② 비록 한자어로 된 단어를 이해하는데 도움이 되고, 한자가 아시아 각국에서 널리 사용하고 있는 문자라고 하더라도 한글은 세종대왕께서 창제하신 세계적으로 우수한 문자일 뿐만 아니라, 민족의 정신이 담긴 글이므로 한글의 발전을 위해 한자를 배격하고 한글만을 사용하여 다른 아시아 국가의 한자 문화에 물들지 않은 독특한 한글 문화를 창조하는 것이 바람직하므로 교과서에 일부 한자를 ( ) 안에 넣는 것은 좋은 일이 아니다.

구 분	중학생		고등학생		교사	
조사자수	138		125		88	
응답자수	①	②	①	②	①	②
	71	67	83	42	69	19
비율 (%)	51.4	48.6	66.4	33.6	78.4	21.6

4. "오늘날 한국의 학교 교육에서 한자교육을 어떠한 형태로든 현재보다는 다소 많이 시켜야 한다."는 주장을 하는 사람이 있다면 그 주장에 대한 귀하의 견해는 어떻습니까?

① 우리는 한글 세대다. 국내의 언어생활이나 교육은 한글만으로도 충분하다. 그리고 국제언어는 영어를 잘하면 된다. 어려운 한자교육을 강화할 필요가 없다.
② 우리나라는 좋든 싫든 간에 한자와 관련이 깊은 나라이다. 그러므로, 한자를 알면 여러 가지로 유리하다. 따라서 한자교육을 강화하는 것이 옳은 일이라고 생각하지만, 공부의 부담이 늘어 날까봐 겁난다.
③ 한자를 많이 알면 여러 가지로 유리할 뿐 아니라, 장차 중국이 세계적인 강대국이 될 가능성이 많으므로 비록 공부의 부담이 늘어난다고 하더라도 영어 못지 않게 한자교육도 강화해야 할 필요가 있다.

구 분	중학생			고등학생			교사		
조사자수	138			125			88		
응답자수	①	②	③	①	②	③	①	②	③
	47	70	21	29	61	35	10	43	35
비율 (%)	34	51	15	23	49	28	11	49	40

| 설문지 2 | 대 학 생 용 |

★ 이 설문조사는 순전히 연구목적으로만 사용될 것입니다. 연구에 큰 도움을 주신다는 자부심을 가지고 성실하게 답해주시면 대단히 감사하겠습니다.

※ 다음 문항에 대한 답 가운데 자신의 견해와 가장 부합하는 것 하나를 골라 그 번호에 ∨해 주십시오.

1. 언어나 문자에 대한 귀하의 기본적인 견해는 어떠합니까?
   ① 21세기 국제화 시대에 언어나 문자는 우리의 생활을 편리하게 영위하기 위한 일종의 도구일 뿐이다. 따라서, 언어·문자와 애국심·민족정기 사이에 특별한 의미를 둘 필요가 없다. 우리의 생활을 향상시키고 국제경쟁력을 키울 수 있다면 영어는 물론 중국어, 한자, 일본어 등 외국어 사용을 기피하지 말아야 한다.
   ② 아무리 세상이 바뀌어도 언어와 문자는 애국심이나 민족정신과 밀접한 관계가 있다. 따라서 외국과의 교류상 필요한 경우에만 외국어를 사용하고 일상생활에서는 국어 순화와 민족정기의 함양을 위해 외국어는 물론 외래어까지도 그 사용을 가능한 한 자제해야 한다.

문 항	①	②	계
응답자수	123	137	260
비율 (%)	47.3	52.7	100

2. 대학에서의 공부와 한자능력과의 관계에 대한 귀하의 견해는 어떠합니까?
   ① 한자를 모르더라도 공부하는데 별 지장이 없다.
   ② 한자를 많이 알면 훨씬 학습 효과를 높힐 수 있다.

문 항	①	②	계
응답자수	19	242	261
비율 (%)	7.3	92.7	100

3. 우리의 문자생활과 한자와의 관계에 대한 귀하의 견해는 어떻습니까?
   ① 우리 어휘의 70%정도가 한자어이며 수많은 동음이의어(同音異意語) 때문에 한자를 완전히 배제할 수는 없을 것이다.
   ② 세계적으로 우수한 문자인 우리 한글을 잘 운용하여 어려운 한자어를 다 풀어쓴다면 한자를 완전히 배제할 수 있을 것이다.

문 항	①	②	계
응답자수	231	28	259
비율 (%)	89.2	10.8	100

4. 질 높은 교육을 위해서는 한자 교육을 강화해야한다는 주장에 대한 귀하의 견해는 어떠하십니까?
   ① 현실적으로 필요를 느낀다고 하더라도 우리의 글인 한글을 빛내기 위해 장기적인 안목으로 보아 한글 전용정책은 지속되어야 한다.
   ② 현실적으로 필요하다면 일정 수준 한자 교육이 강화되어야 한다. 한자와 아울러 사용할 때 한글도 더욱 빛날 수 있을 것이다.

문 항	①	②	계
응답자수	77	171	248
비율 (%)	31	69	100

5. 중국의 국제적 지위 향상이라는 국제환경의 변화와 관련하여 귀하는 우리의 한자교육문제를 어떻게 생각하십니까?
   ① 우리는 역사·문화적으로 한자문화권 국가에 속해있다. 중국의 국제적 지위가 향상됨에 따라 중국 및 동아시아 국가간의 교류증대를 위해서라도 한자사용은 강화되어야 한다.
   ② 중국의 국제적 지위가 아무리 향상되었다고 하더라도 당장에 미국이나 유럽을 능가할 수는 없을 것이다. 한자문화권 국가라는 과거의 전통에 연연하여 한자교육을 강화하는 것보다는 영어교육에 보다 많은 투자를 하는 것이 훨씬 미래지향적인 교육이 될 것이다.

문 항	①	②	계
응답자수	167	83	250
비율 (%)	66.8	33.2	100

6. 인터넷시대와 관련하여 귀하는 한자의 사용과 교육의 문제를 어떻게 보십니까?
   ① 인터넷 세상에서는 영어 외에 다른 언어가 별 의미를 가지지 못한다. 그리고, 21세기는 어차피 모든 것이 인터넷에서 이루어지는 인터넷세상이 될 것이다. 따라서, 한자의 사용과 학습에 시간을 투자하는 것은 별로 바람직한 일이 못된다.
   ② 아무리 인터넷 세상이 된다고 하더라도 과거의 역사와 문화유산은 갈수록 더 소중하게 다루어 질 것이다. 따라서, 한자문화권 국가에

속하는 우리는 끝내 한자를 포기할 수는 없을 것이다.

문 항	①	②	계
응답자수	63	193	256
비율 (%)	24.6	75.4	100

7. 대학생 뿐 아니라, 우리 나라 지식분자의 대다수가 영어로 된 원전은 으레 읽으려하고 또 읽을 수 있음에 반하여 우리의 역사인 조선실록이나, 사상집인 율곡전서나 퇴계전집은 전혀 읽을 수도 없고 아예 읽으려 하지도 않는 현실에 대해 어떻게 생각하십니까?

① 크게 잘못된 일이라고 생각하기는 하지만, 그렇다고 해서 어려운 한자 교육을 강화할 필요는 없다. 일부 전문가들을 활용하여 우리의 역사서나 고전을 번역하는 작업을 강화하는 방법으로 문제를 해결하면 된다.

② 번역을 잘 했다고 하더라도 학술자료로 활용하기 위해서는 어차피 원전을 확인해야 하고, 일반 대중들이 설령 번역본을 읽는다고 하더라도 한자를 알수록 이해가 빠르고 정확할 것이므로 한자교육은 어느 정도 강화해야할 필요가 있다.

③ 새로운 지식과 정보가 폭발적으로 늘어나는 21세기에 과거의 역사와 문화에 연연하는 것 자체가 비생산적이다. 역사나 전통문화의 중요성에 대해 모르는 바는 아니나, 과거를 알기 위해 어려운 한자 공부를 해야한다는 것은 분명히 비효율적인 일이다.

문 항	①	②	③	계
응답자수	90	144	22	256
비율 (%)	35.2	56.3	8.5	100

8. 한자의 사용과 교육을 지금보다 강화해야한다는 주장에 대한 귀하의 결론적 견해는 어떻습니까?
    ① 필요가 있다.   ② 필요가 없다.

문 항	①	②	계
응답자수	181	72	253
비율 (%)	71.5	28.5	100

찾아보기

(ㄱ)

가나(假名) 104
가로쓰기 23
간화 24, 59
간화자(簡化字) 51
결승문자 78
고유어 35, 72
공간성 124
공문서 61
공식용어 22
공통의 정서 172
교과서 분과 위원회 23
교육용 기초한자 19
교육적 효과 33
국가언어문자공작위원회 58
국무원 59
국어개혁 24
국어순화운동 19
국한문 32
글자말 33
기계화 33
김문창 95
김일로 74

(ㄴ)

난해성 63
노신(魯迅) 52

(ㄷ)

대중문화 105
도로 표지판 169
도림 23
도화문자 78
동아시아 한자문화권 166
동음이의어 82, 115

(ㄹ)

로마자 128

(ㅁ)

모택동 52
문맹율 69
문자 개혁정책 58
문자 활용의 이상국 128
문자개혁 24, 51
문자개혁위원회 58
문자생활 19

문자운동 55
문학미 73
문화민족 100
문화혁명 57
미군정 22
민족 주체성 101
민족문화 33
민족의식 103

(ㅂ)

박물관 105
반민족적 23
방안 59
방언 125
백화문(白話文) 운동 55
백화운동(白話運動) 53
번역본 105
병용 28
본원적(本源的) 진지함 110

(ㅅ)

사전 91
사투리 125
상용 56
상용한자 20, 26
상용한자 1800자 20
상형문자 78

상호 108
서당 18
서식(書式) 정비 지시 29
서예 145
세종대왕 102
소리글자 78
소리말 32
소프트웨어 76
순수한글 35
시간성 124
'시계혁명(詩界革命)' 운동 54
시대적 상황 108
식자율 53
'신문체(新文體)' 운동 54
실용적 편리함 110

(ㅇ)

아시아적 가치 156
알파벳 64
애국심 101
약정속성 41
어문 53
어문정책 18
어소문자 65
어원 41, 85
영어 17
예술 150
예술세계 75

5.4 신문화 운동 53
외래문화 96
용어 145
우리 문학 72
유적지 105
음성언어 124
음소문자 65
음절문자 78
의미 125
이음(異音)현상 46
이응백 132
인명 95
인쇄체 47
인신의(引伸意) 41
인터넷 16
일자다음(一字多音) 63
일제 18
임시 제한 한자 일람표 27
입력속도 76

(ㅈ)

자체 44
저급문화 109
전위서예(前衛書藝) 158
전지구화(globalization) 162
전통문화 97
제 2 차 한자 59
제한한자 29

조어력 120
조윤제 23
주련(柱聯) 105
중·고등학생 17
지명 95

(ㅊ)

천인합일 156
초형본의 86
최현배 23
축약력 122
친미적인 22
친일 23

(ㅋ)

컴퓨터 76

(ㅌ)

타자기 76
달아시아 158
토박이말 83
통역정치 22
통합한자코드 178

(ㅍ)

표의문자 78

214 아직도 '한글전용'을 고집해야 하는가?

표준 중국어 125
표준어 125
표현 70
피천득 23

(ㅎ)

학문연구 142, 146
학술용어 134
학술적 145
한국화 99
한글 18, 19
한글 교수지침 26
한글 문화 창조 97
한글 존중주의 23
한글의 우수성 19
한글전용정책 16
한문식 70
한시(漢詩) 74
한어병음자모 51
한자 24
한자 간화 방안 58
한자 병기 21, 30
한자 사용을 폐지 23

한자 학습의 필요성 15, 17
한자개혁작업 62
한자교육 16
한자교육기관 18
한자능력 15
한자문제 15
한자문화권 16, 25
한자시대 73
한자의 존속 51
한자의 중요성 17
한자정리작업 62
한자지도요령 26
한자통합코드 177
해서 44
허웅도 50
현대서(現代書) 158
현시적 41
현판(懸板) 105
혼용론 32
확대의 41
획 수 43
훈민정음 18

21세기, 한자는 필수다
아직도 '한글전용'을 고집해야 하는가?

2002년 10월 5일 초판발행

지은이 / 김 병 기
발행인 / 김 영 환

발행처 / 도서출판 다운샘
주　소 / 138-857 서울 송파구 오금동 48-8
전　화 / (02) 4499-172~3 팩스 / (02) 431-4151
등　록 / 1993. 8. 26. 제17-111호

값 9,000원

ISBN 89-86471-74-4   03710